Thomas Ruckstuhl / Hildegard Aepli (Hrsg.)

Leben im Haus der Kirche

Thomas Ruckstuhl / Hildegard Aepli (Hrsg.)

Leben im Haus der Kirche

Zum 100-jährigen Bestehen des Salesianums

Paulusverlag

Bibliografische Information Der Deutschen Bibliothek
Die Deutsche Bibliothek verzeichnet diese Publikation in der
Deutschen Nationalbibliografie;
detaillierte bibliografische Angaben sind im Internet abrufbar über
<http://dnb.ddb.de>

Gesamtkatalog unter:
www.paulusedition.ch

Layout: Christopher Dickinson
Umschlagbild: Noël Aeby
Druck: Paulusdruckerei Freiburg Schweiz
ISBN 978-3-7228-0710-2

Inhaltsverzeichnis

Interviews

Erinnerungen

Mission

Studierende heute

Geleitwort von Bischof Kurt Koch

Ein Rückblick auf die hundert Jahre des Bestehens des Salesianums entwickelt sich bald zu einer kleinen Geschichte der katholischen Kirche in der Schweiz im vergangenen Jahrhundert. Am Beginn stand die Gründung der katholischen Universität Freiburg und ihrer theologischen Fakultät, als deren letzte Konsequenz die Errichtung des Salesianums gewürdigt werden darf. Nach Vollendung des Baus konnte der Betrieb am 22. Oktober 1907 eröffnet und das Theologenkonvikt am Marienfest der Immaculata (8. Dezember) 1907 eingesegnet werden. Zu einer Institution der Schweizer Bischöfe ist es freilich erst im Jahre 1921 geworden, als ihnen von der bisherigen Genossenschaft das Salesianum mit Aktiven und einigen Passiven in der Form einer Stiftung des kirchlichen Rechts übertragen worden ist. Seither liegt den Schweizer Bischöfen dieses Theologenkonvikt sehr am Herzen, hat doch der eigentliche Gründungszweck, nämlich eine ganzheitliche menschliche und spirituelle Begleitung der Theologiestudierenden zu ermöglichen, in der Zwischenzeit nichts an Aktualität eingebüsst.

9

„Einem Bischof kann die Mitra, der Bischofsstab und sogar die Kathedrale fehlen, aber das Priesterseminar darf ihm nicht fehlen, denn vom Seminar hängt die Zukunft seiner Diözese ab." Diese tiefe Einsicht des unlängst heilig gesprochenen Rafael Guizar y Valencia, der als Bischof von Veracruz eine seiner Prioritäten in der Priesterausbildung gesehen und deshalb das Seminar, das er als „seinen Augenstern" betrachtet hat, wieder errichtet hat, gilt in einem übertragenen Sinn auch von einem Theologenkonvikt wie dem Salesianum, in dem die Theologiestudierenden menschlich gefördert und spirituell begleitet werden sollen. Denn das Theologiestudium und das spirituelle Leben des Glaubens gehören unlösbar zusammen, und zwar vor allem deshalb, weil Gott in erster Linie nicht das Objekt der Theologie ist, sondern ihr Subjekt, so dass das Wort Gottes in den Worten der Menschen vernehmbar werden will.

Bereits Dionysius der Areopagite im 5. Jahrhundert hat die Verfasser der biblischen Schriften als „Theologen" im strengen Sinn des Wortes bezeichnet, weil sie Menschen gewesen sind, die nicht aus ihrem Eigenen heraus geredet, sondern sich Gott so geöffnet haben, dass er selbst durch ihr Wort zu den Menschen sprechen kann. In einem ähnlichen Sinn verdienen auch heute getaufte Menschen umso mehr die Ehrenbezeichnung „Theologen", als in ihrem Menschenwort Gottes Wort durchkommen kann. Dies bedeutet, dass der Theologe zunächst ein hörender und deshalb glaubender und folglich betender Mensch sein muss, der Gott reden lässt und ihm zuhört, um aus diesem Schweigen heraus glaubwürdig von Gott reden zu können. Dies ist aber nur möglich, wenn Lehrende und Studierende der Theologie dem Wort Gottes in der Heiligen Schrift nicht nur als einem Wort der Vergangenheit begegnen, mit dem man sich intellektuell beschäftigen kann, sondern auch und vor allem als Wort der Gegenwart, das in ihr Leben hinein spricht und ihr Herz berührt. Nur wer als Theologe im Gehorsam gegenüber dem Wort Gottes steht und nicht einfach den Beifall der Leute sucht, wer also nicht nach dem schielt, was bei den Menschen ankommt, sondern sich darauf konzentriert, worauf es im christlichen Glauben wirklich „ankommt", kann Überbringer der Wahrheit Gottes sein.

10   Die Theologie ist folglich erst in ihrem Element, wenn sie nicht nur intellektuelle Kenntnisse, sondern einen intelligenten Glauben selbst vermittelt, „so dass Glaube Intelligenz und Intelligenz Glaube" wird, wie Papst Benedikt XVI. uns Schweizer Bischöfen beim Ad Limina-Besuch im November 2006 eindringlich ans Herz gelegt hat. Dieser Brückenbau-Aufgabe zwischen Vernunft und Glaube ist in besonderer Weise die geistliche Begleitung der Theologiestudierenden verpflichtet. Dass das Salesianum seinen guten Ruf bis auf den heutigen Tag bewähren konnte, hängt nicht zuletzt damit zusammen, dass es diese Aufgabe der spirituellen Begleitung vorbildlich wahrgenommen hat und es auch heute tut.

Solche spirituelle Verwurzelung erweist sich als unabdingbar, wenn Menschen im kirchlichen Dienst heute Bestand haben wollen. Denn Seelsorge ohne den langen Atem der Spiritualität führt entweder in rastlose Kurzatmigkeit oder früher oder später in die Resignation. Die Theologiestudierenden in diesen langen Atem einzuüben, drängt sich gerade in der heutigen Situation auf, die sich immer mehr der Situation wieder annähert, in der der Patron des Salesianums gelebt und gewirkt hat, nämlich der Heilige Franz von Sales, jener grosse Bischof von Genf im Übergang vom 16. zum 17. Jahrhundert, den man mit Recht als „Karl Borromäus Savoyens" bezeichnet und als „weisesten Seelenführer" gerühmt hat. Denn er lebte in einer schwierigen Zeit als grosser Mystiker, Beter und Gottesfreund.

Auch heute feiert in der Kirche eine starke Ungewissheit hinsichtlich des Gottesglaubens Urständ. In dieser Situation brauchen wir Menschen und vor allem Theologen wie Franz von Sales, deren Vernunft vom Licht Gottes erleuchtet und deren Herz von Gott so geöffnet ist, dass ihre Vernunft zur Vernunft der anderen sprechen und ihr Herz das Herz der anderen eröffnen kann. Wir brauchen Theologen und Theologinnen vom geistigen und spirituellen Format eines Franz von Sales, von dem Papst Johannes Paul II. anlässlich der Feier von dessen 400. Jahrestag der Bischofsweihe geschrieben hat: „Weil er von der Leidenschaft für Gott und für den Menschen ergriffen war, war sein Blick auf seine Mitmenschen zutiefst optimistisch, und er versäumte nie, wie er zu sagen pflegte, sie aufzufordern, dort zu ‚blühen', wo sie ‚gesät' worden waren."

Wir Schweizer Bischöfe dürfen immer wieder mit dankbarer Anerkennung feststellen – und die Beiträge im vorliegenden Buch dokumentieren es in eindrücklicher Weise – , dass das Wirken der im Salesianum Verantwortlichen in Geschichte und Gegenwart dazu geführt hat, dass es immer wieder für die Theologiestudierenden zum Ort und zur Einladung geworden ist, „dort zu ‚blühen', wo sie ‚gesät' worden waren." Dies erfüllt uns Bischöfe mit Freude und lässt uns das hundertjährige Jubiläum des Bestehens des Salesianums zum Anlass werden, unsere Dankbarkeit an alle, die ihre Kraft dem Theologenkonvikt oder im Stiftungsrat geschenkt haben und ihre grosse Verantwortung auch heute wahrnehmen, zusammenzufassen in den einen Dank an Gott für sein Gegenwärtigsein in den vergangenen Jahren, und ihn zugleich zu bitten, dass er das Salesianum weiterhin mit seinem Segen begleitet, so dass es eine gute Weggemeinschaft in der grossen Weggemeinschaft der Kirche und Kirche im Kleinen im grossen und weltweiten „Haus der Kirche" bleiben kann.

+ Kurt Koch
Bischof von Basel
Präsident der Schweizer Bischofskonferenz

Vorwort der Herausgeber

Als kürzlich ein Gast im Salesianum zu Besuch war, stellte er fest: „Hier kommt mir ein frischer Wind entgegen, eine gastfreundliche Atmosphäre, junges pulsierendes Leben!"

Diese Beobachtung freut uns. Wir sind dankbar, dass die vor einigen Jahren noch kränkelnde Institution wieder als vom Leben erfülltes Haus dasteht. Mit vereinten Kräften war es möglich, solche Lebendigkeit wieder zu wecken.

Diese Entwicklung ist sicher das schönste Jubiläumsgeschenk für das 100-jährige Salesianum und für seine Bewohnerinnen und Bewohner, sowie für alle, die als Ehemalige dem Haus verbunden sind.

Das vorliegende Festbuch will denn auch in erster Linie dieses Leben im Konvikt Salesianum auf vielfältige Weise illustrieren. Zahlreiche Autorinnen und Autoren aus den drei Sprachgruppen waren bereit, von ihren Erfahrungen zu berichten: Studierende, ehemalige Regenten und Bewohner, Stiftungsräte, Schwestern, Professoren, Missionare und die Hausleitung. Dabei ist ein reicher Erfahrungsschatz zusammengekommen. Persönliche Zeugnisse veranschaulichen die Geschichte des Hauses, die eingangs des Buches in Erinnerung gerufen wird. Es ist beeindruckend festzustellen, dass sich im Salesianum vieles ereignet hat, was prägend war für das weitere Leben der einzelnen Studenten. Begegnungen und Freundschaften mit Studierenden aus der ganzen Schweiz und Gästen aus aller Welt haben nachhaltig gewirkt.

Das Salesianum war in seiner Geschichte und ist bis heute ein interdiözesaner Wohn- und Ausbildungsort für Theologiestudierende. Über 2000 Theologen haben in den 100 Jahren seiner Geschichte dieses Haus als geistliche Ausbildungsstätte erlebt! Viele von ihnen stehen im kirchlichen Dienst. Es ist uns Hausverantwortlichen ein Anliegen, in diesem Buch die heutige Gestalt geistlicher Ausbildung in ihren Grundzügen zu präsentieren. In unserer Aufgabe stehen wir vor der Herausforderung, mit den Studierenden den Weg in eine Kirche der Zukunft zu gehen, deren Konturen wir noch nicht genau kennen. Die Begegnung mit den geistlichen Quellen, die Einübung ins geistliche Leben, unsere Präsenz und die gute Balance zwischen Verbindlichkeit und Selbstverantwortung scheinen uns die zentralen Elemente dieser Ausbildung zu sein. In den vergangenen 6 Jahren unserer Tätigkeit konnten wir einen Stil entwickeln, in den wir gerne Einblick geben und zum Weiterdenken einladen. Die Fachbeiträge zur geistlichen Ausbildung bilden eine wertvolle Grundlage.

Das Buch, das sie in Händen halten, ist ein Gemeinschaftswerk. Es wäre nicht entstanden, hätten nicht zahlreiche Personen spontan zugesagt. Unser Dank geht an alle Autorinnen und Autoren, sowie an unseren Photographen Noël Aeby. Ein besonderes Dankeschön ergeht an Dr. Iso Baumer und an Chris Dickinson, die sich um die Gestaltung des Textes bemüht haben. Wir danken den Diözesen Basel und St. Gallen für die Druckkostenzuschüsse, sowie dem Paulusverlag für die Realisierung des Buches.

Und nun freuen wir uns, liebe Leserin und lieber Leser, mit Ihnen das „Leben im Haus der Kirche" teilen zu dürfen und hoffen, dass sie da und dort angeregt werden oder auch einmal schmunzeln können.

Fribourg, am Fest des hl. Franz von Sales 2007

Hildegard Aepli und Thomas Ruckstuhl   13

GESCHICHTE

Hermann Bischofberger

Die ersten 75 Jahre
des Salesianums

Das vorliegende Festbuch ist der jüngeren Vergangenheit, der Gegenwart und auch der Zukunft des Salesianums gewidmet. Dieser Artikel zur Geschichte des Hauses während der Jahre 1907 bis 1982 versteht sich als Einleitung zu den weiterführenden Beiträgen. Ich werde darin die Vorgeschichte der Universitätsgründung und die Entstehungsgeschichte des Theologenkonvikts skizzieren. Ein kurzer Gang durch die ersten 75 Jahre der Hausgeschichte und die Würdigung des Wirkens sechs verschiedener Persönlichkeiten als Regenten bilden den Hauptteil meiner Ausführungen. Für Einzelheiten verweise ich auf die Jubiläumsschrift, die im Jahre 1983 erschienen ist.

Vorgeschichte

Mit der Reformation ging die einzige Schweizer Universität in Basel – von den Akademien abgesehen – für die Katholiken verloren. Wer Priester werden oder sich in der Staatsverwaltung bewähren wollte, musste auswärtige Institutionen besuchen. Dies war sehr teuer. Zwar bestanden Freiplätze an Universitäten. Deren Bestand war aber unsicher, denn sie wurden in Militärkapitulationen vorgesehen. Und diese Soldbündnisse hingen von den politischen Richtungen, wie sie die einzelnen eidgenössischen Stände verfolgten, ab. Der heilige Karl Borromaeus errichtete dann im Jahre 1579 das Collegium Helveticum in Mailand. Dort bestanden Freiplätze für Theologiestudenten.

Das Fehlen einer Universität wurde in den katholischen Ständen allgemein als Mangel empfunden. Doch fehlten lange Zeit die Mittel. Dann bestanden Rivalitäten unter den möglichen Standortkantonen.

In den Jahren 1537 bis 1848 wurde eine Universitätsgründung durch die katholische Tagsatzung 130 Mal diskutiert. Auch in Freiburg war man aktiv: Zwischen 1509 und 1872 wurde die Angelegenheit 132 Mal beraten und nicht abgeschlossen.

Für die Belange der Staatsverwaltung wurde am 21. März 1763 eine Rechtsschule – die Académie de droit – eröffnet. Sie war lange Jahre in demjenigen Gebäude untergebracht, das heute Albertinum heisst. Wir werden davon noch hören. Durch ein Gesetz über den höheren Unterricht vom 18. Juli 1882 wurde die Akademie zu einer eigentlichen Rechtsfakultät. Damit bestand in Freiburg eine erste und einzige Fakultät. Verschiedene Autoren führen daher die Gründung der Universität Freiburg ins Jahre 1882 zurück.

Schon 1871 sprach der junge Jusstudent Georges Python: Ich werde die Universität gründen. Im Freiburger Grossen Rat wurde darüber in den Jahren 1878, 1879 und 1884 diskutiert, hingegen ohne abschliessenden Erfolg. Man befürchtete politische Reaktionen, befand man sich doch mitten im Kulturkampf. Es drohte der Lehrschwesternrekurs; der Schulvogt war noch in „bester" Erinnerung. Radikale Kreise wollten verbieten, dass Lehrschwestern an öffentlichen Schulen unterrichteten. Dies gelang ihnen indes nicht. Dann bestanden Rivalitäten. Luzern hätte eigentlich gerne schon damals eine Universität gegründet. Schwierigkeiten bereitete auch Bischof Gaspard Mermillod. Er wollte auch eine Universität gründen, aber nach französischem Muster mit ausschliesslich kirchlicher Trägerschaft. Die Bischöfe hätten die Professoren ernannt. Das war in der Schweiz nicht denkbar. Deshalb kam einzig eine staatliche und katholische Universität in Frage. Übrigens: Bischof Mermillod wurde schliesslich zum Kardinal ernannt. Es muss der Grundsatz angewendet worden sein: Promevetur ut amoveatur. Er liess für die gesamte Bischöfliche Kanzlei wöchentlich ein Harässlein Bier bestellen. Die Brauerei Weissbrot, schliesslich nobler Blancpain, nannte sich aufgrund ihres prominentesten Kunden: Bière du Cardinal.

Georges Python – unterdessen Staatsrat geworden – unterbreitete am 24. Dezember 1886 ein Finanzierungsmodell. Er konnte Staatsanleihen konvertieren, d. h. Schuldtitel mit hohem Zinsendienst durch solche mit besseren Konditionen konvertieren. Der Gewinn sollte genügen, um eine Universität zu gründen. Diesem Ansinnen schloss sich der Freiburger Grosse Rat gerne an, allerdings gegen den Widerstand der Radikalen. Am 4. Oktober 1889 erliess der Grosse Rat ein Dekret zur Eröffnung der Universität. Einen Monat später begann der Vorlesungsbetrieb an der juristischen und philosophischen Fakultät.

Für die Theologische Fakultät spendete die Stadt Freiburg im Jahre 1890 einen Betrag von Fr. 500'000.-. Aus dessen Ertrag sollten die Professoren besoldet werden. Auch diesmal opponierte die radikale Partei, aber mit kleinem Erfolg. Stark belastet wurde die Stadt Freiburg durch diese „Spende" allerdings nicht. Python hatte klar vorausgesehen und daher die Gemeindesparkasse der Stadt Freiburg von den Staatssteuern befreit. Durch Verrechnung der beiden Summen, der Steuerbefreiung auf Jahre hinaus, kostete der Beitrag die Stadt Freiburg eigentlich nichts.

Im Jahre 1895 konnte die naturwissenschaftliche Fakultät im Pérolles eröffnet werden. Der Kanton hatte die marode Société des eaux et forêts erworben. Mit den damit erworbenen Wasserrechten ahnte Python voraus, dass damit elektrische Energie produziert werden konnte. Die Freiburger Kraftwerke und im übrigen auch die Staatsbank wurden zu Leistungen an die junge Universität verpflichtet.

Wo wohnten die Theologiestudenten?

Nach dem alten Kirchenrecht hatten die Theologen – ausschliesslich Priesteramtskandidaten – in einem Seminar zu leben. Hier wurden sie betreut und auch auf ihre Funktion in der Seelsorge vorbereitet.

Mit dem Staatsvertrag vom 24. Dezember 1890 wurden die Dominikaner als Theologieprofessoren berufen. Als Wohnort konnte das Hôtel de Fribourg, das nun zum Albertinum umbenannt wurde, angeboten werden. Dort wurden verschiedene Studenten untergebracht. Das Haus gehörte einer Aktiengesellschaft und wurde als Professorenheim bezeichnet. Dies war notwendig, um nicht unter das Klosterverbot zu fallen.

Im Jahre 1895 entstand ein weiteres Konvikt, das Canisianum. Dieses wurde im alten Hôtel des merciers, Zunfthaus zu den Kaufleuten aus der Zeit um 1650, eingemietet. Der Bau stand anstelle der Staatsbank (heute Kantonspolizei, angebaut an die Grenette). Der Standort war aber denkbar ungünstig. Im Erdgeschoss befand sich ein Pferdestall, im ersten Stock eine Wirtschaft und im zweiten Stockwerk befanden sich die Zimmer des Canisianums. Auf dieses Gebäude im Zentrum Freiburgs bei der Kathedrale aspirierte allerdings die Freiburger Staatsbank. Sie erwarb das Gebäude im Jahre 1902 und erbaute hier 1907 ihren Hauptsitz. Die Theologiestudenten mussten ausziehen und Zimmer in der Stadt mieten. Ein gemeinschaftliches Leben war daher kaum mehr möglich.

Das Albertinum wurde von einem Weltpriester geleitet, um auch ja nicht den Verdacht zu erwecken, das Professorenheim werde durch einen Ordensmann verwaltet und sei daher ein Kloster. Dieser Weltpriester war Direktor Jakob Krucker, der Gründer des Salesianums. Er wandte sich daher an den General des Dominikanerordens. 1892 wies er darauf hin, dass der Platz im Albertinum mehr als ausgelastet und ein Erweiterungsbau unumgänglich geworden sei. Der Ordensgeneral P. Andreas Frühwirt antwortete aber, der Orden denke nicht an einen Ausbau, sei aber bereit, das Haus einer neuen Trägerschaft unter der Leitung der Schweizer Bischöfe zu verkaufen. Die Aufgabe, ein Theologenkonvikt zu führen, sei nicht Aufgabe eines Ordens, dieser habe die Wissenschaft zu pflegen. Für die pastorale Ausbildung der zukünftigen Priester seien die Bischöfe verantwortlich.

Auf den Bettag 1894 erliessen die Schweizer Bischöfe ein Mandat mit der Bitte, Direktor Krucker zu unterstützen. Die Geldmittel wurden durch eine Aktiengesellschaft verwaltet. Eine Krise ergab sich, als deutsche Professoren aus Protest Freiburg verliessen und die Universität in Deutschland schlecht machten. Der Bestand war gefährdet.

Am 22. August 1899 billigten die Schweizer Bischöfe den Plan Kruckers, ein neues Konvikt zu bauen. Auch Papst Leo XIII. unterstützte den Plan mit Breve vom 18. Dezember 1899.

Die Stadt Freiburg sicherte Krucker Boden auf dem Galgenhügel, also dort, wo heute das Salesianum steht, zu. Die Volksabstimmung stimmte dieser Bodenabtretung zu. Vereinbart wurde für diesen Teil des Salesi-Grundstückes ein Heimfallrecht, wenn das Konvikt seinem Zwecke entfremdet werden sollte. Vor der Abstimmung opponierte einzig der radikale Stadtrat Bielmann, der kritisierte, dass neben dem universitären Konvikt noch ein Diözesanseminar bestehe. Die Bischöfe, die über ein eigenes Seminar verfügten, behielten ihre Studenten doch bei sich. Nur diejenigen Diözesen, denen ein Seminar fehlte, würden die Studenten nach Freiburg schicken und nichts daran zahlen. Auch die Dominikaner waren ihm ein Dorn im Auge. Er zitierte den Aargauer Augustin Keller, der gesagt hat: „Da wo ein Mönch steht, da wächst kein Gras mehr." Doch hatte seine Schreiberei keinen Erfolg.

Entgegen den Zusicherungen des Ordensgenerals in Rom begannen die Dominikaner zu bauen. Es entstand eine Erweiterung des Albertinums Richtung Universität, wo heute Teile der Unterrichtsdirektion untergebracht sind. Damit geriet Kruckers Projekt in die Krise. Die Bischöfe sistierten das Projekt vorläufig, denn man wusste ja nicht, ob nach dem Anbau ans Albertinum ein Neubau noch notwendig sei.

Die Studentenzahlen an der Theologischen Fakultät nahmen sprunghaft zu. Deshalb beschlossen die Schweizer Bischöfe am 19. August 1902, dennoch ein selbständiges Theologenkonvikt bauen zu lassen. Jakob Krucker, der am Kollegium in Schwyz unterrichtet hatte, war im Jahre 1890 nach Freiburg berufen worden, um ihm einen etwas ruhigeren Posten zu vermitteln. Doch ging die Arbeit in Freiburg erst richtig los.

Am 8. Juli 1906 wurde der Grundstein für das Salesianum gelegt. Der Name erinnert an den heiligen François de Sales bei Genf. Am 4. Februar 1907 besichtigte Krucker nochmals den Bauplatz und freute sich über die bunten Bänder, die am Tännchen auf dem Dachfirst flatterten. Tags darauf, am 5. Februar 1907, wurde Regens Jakob Krucker tot aufgefunden.

Noch liegen die Blaupausen der verschiedenen Bauprojekte im Archiv des Salesianums. Sie waren vorerst Zweitstilen wie Neobarock und Neorokoko verpflichtet. Ein Projekt orientierte sich an der Fassade des Klosters Einsiedeln. Die Baukörper waren derart grosszügig geplant, dass sie nur etappenweise verwirklicht werden konnten. Doch kam alles ganz anders: Der Mangel an Finanzen zwang zu einem neuen Projekt, ausgearbeitet von den damals wohl bekanntesten Architekten Freiburgs Broillet & Wulfleff. Als einer der ersten Repräsentativbauten in der Schweiz wandte man sich vom Bundesbarock wie bei Bahnhöfen, Postgebäuden, Kasernen oder Banken von den Zweitstilen ab und führte den Bau im Heimatstil aus. Zwar konnte kein Freiburger Haus kopiert werden, wohl aber aus Bauelementen der heimatlichen Baukunst etwas Neues geschaffen werden.

Am 22. Oktober 1907 konnte der Betrieb im Salesianum aufgenommen werden. Während des Festaktes sprachen Generalvikar Dr. Georgius Schmid von Grüneck, der spätere Bischof von Chur, Staatsrat Georges Python, P. Dr. Gallus Maria Manser OP als Dekan der Theologischen Fakultät. Sie betonten alle, wie wichtig die

NOUVEAU CONVICT A FRIBOURG — SUISSE — ⊕ IV.

Planskizze des
Bauprojektes von
Broillet und Wulffleff
für das Konvikt in
Fribourg (1901)

Zusammenarbeit zwischen Universität/Theologischer Fakultät als
Vertreterin der Wissenschaft und den Konvikten, die im Auftrag
der Bischöfe die geistliche Erziehung vermittelten, sei.

Ein Gang durch die ersten 75 Jahre

Nach der Eröffnung zogen Theologiestudenten in grosser Zahl
ein. Doch trübte die Baurechnung die Festfreude. Wegen Projek-
tänderungen kostete der Bau statt Fr. 350'000.- nun Fr. 520'000.-.
Da sprang Regens Prof. Dr. Josef Beck ein. Seine Familie verzich-
tete auf das Kapital der Studienstiftung von Fr. 40'000.- zu Guns-
ten des Salesianums. Der Zweck dieser Einrichtung war nämlich
unmöglich geworden. Der konservative Politiker Josef Leu von
Ebersol hatte ihn zur Ausbildung tüchtiger Jesuiten gestiftet. Dies
war nun wegen des Jesuitenverbotes in der Schweiz nicht möglich.
Professor Prinz Max von Sachsen stellte spontan Fr. 150'000.- in
Form eines Darlehens zur Verfügung. Die Frequenzen nahmen in
den Jahren 1912 und 1913 erfreulich zu. Vor allem Studenten aus
dem Ausland fanden sich im Salesianum ein. Die Universität war ja

Das neue
Salesianum im
Gambach-Quartier
mit dem 1974
abgebrochenen
Eingangstor

bewusst international, also katholisch im ursprünglichen Sinn des Wortes, geplant worden. Dadurch, dass ausländische Studenten sich in Freiburg bilden konnten, wurde auch eine Art Entwicklungshilfe betrieben. Schon plante man, weitere Räume zu mieten.

Dies tat man glücklicherweise nicht. Der Erste Weltkrieg brach aus und rief die ausländischen Studenten heim unter die Waffen. Auch zahlreiche Schweizer traf dasselbe Schicksal. Die Lebensmittelpreise stiegen laufend. Deshalb kauften die Regenten Jakob Severin Jung und Josef Beck aus eigenen Mitteln Boden im Nordwesten des Salesianums und richteten hier eine eigene Landwirtschaft ein. Diese lieferte nun einen Grossteil der Lebensmittel. Damit haben die Regenten Jung und Beck Weitblick bewiesen. Grund und Boden wurde zu einer Schenkung ans Salesianum und dienen heute nicht mehr der Landwirtschaft, werden aber dem familienfreundlichen Wohnungsbau dienen und die Zukunft des Salesianums sicherstellen. Auch die Heizkosten schnellten in bisher unbekannte Höhen. Das Salesianum schloss mit Defiziten ab. Diese wurden durch Spenden von Wohltätern gedeckt. Wir gedenken und danken aber auch dem damaligen Regens Prof. Josef Beck und dem Ökonomen Joseph Jung, die für das Salesianum jahrelang unentgeltlich arbeiteten. Auch wollen wir an unsere guten Geister aus Menzingen denken. Sie haben jahrzehntelang für das Wohl der Studenten gesorgt.

23

Die Menzinger
Schwestern im
Sommer 1980

Nach dem Ersten Weltkrieg besserte sich die finanzielle Lage des Salesianums zusehends. Die Studenten trafen auch aus dem Ausland wieder ein. Nun war der Zeitpunkt gekommen, die bisherige Genossenschaft Salesianum in eine Stiftung des kirchlichen Rechtes umzuwandeln. Die Genossenschafterversammlung vom 28. Juli 1921 übertrug alle Aktiven und einige Passiven – wohl Fondsverwaltungen, also Geld, das einer unselbständigen Stiftung gehörte, aber für das Salesianum bestimmt war, jedoch nicht diesem selbst gehörte – an die Schweizer Bischöfe. Am 1. Dezember 1922 wurde die kirchliche Stiftung gegründet. Sie bildet noch heute die Trägerschaft des Salesianums. Mit der Schenkung war auch ein Schulderlass verbunden, wiederum Geschenke von

Ein Blick vom
Salesianum auf die
Scheune und das
Grundstück, das
der Landwirtschaft
diente

Wohltätern. Die kirchliche Stiftung Salesianum umfasst heute die Schweizer Diözesen und das Territorium nullius von St-Maurice. Nicht zur Trägerschaft gehört das Kloster Einsiedeln, obwohl es heute auch den Status eines Territorium nullius geniesst. Dieser Status wurde wohl um 1908 durch ein Handschreiben Papst Pius X. festgestellt, aber erst 1948 feierlich verurkundet, also nach 1922. Deshalb ist nicht die Schweizerische Bischofskonferenz Trägerin der Stiftung Salesianum.

Glücklicherweise stieg die Zahl der Alumnen. Im Jahre 1930 waren es deren 78 und man fand kaum mehr Platz für sie. Die Kapelle befand sich in einem Provisorium im Erdgeschoss. Ein Anbau wurde unumgänglich. Im Februar 1931 konnte mit dem Bau begonnen werden. Geschaffen hat ihn Architekt Adolph Gaudy aus Rorschach, einer der damals bekanntesten Kirchenbauer der ganzen Schweiz. Am 15. November 1931 konnte die Kapelle geweiht werden. Was seit 1907 ein ferner Wunschtraum war, wurde nun Wirklichkeit. Auch für die Schwestern konnte ein angemessener Raum geschaffen werden. Der Anbau kostete Fr. 350'000.-. Die Kosten wurden nebst dem Baufonds durch Kollekten, Diözesanopfer, Vergabungen und Postscheckaktionen gedeckt. Im Neubau entstanden 20 zusätzliche Zimmer.

25

In den Jahresberichten lesen wir, dass sich die Studenten immer mehr für die Missionen interessierten. Das freute den damaligen

Bewohner und Hausleitung des Salesianums während des Sommersemesters 1923

Die Herz-Jesu-
Kapelle von
1932; Architekt
Adolph Gaudy
aus Rorschach
verwendete für
jene Zeit
eigenständige
Stilmittel

Regens Karl Boxler, der selber Missionar war, aber aus Gesund-
heitsgründen wieder in die Schweiz zurückgekehrt war.

Die Gefahren des Zweiten Weltkrieges wurden vorausgesehen. Bereits 1936 kam es zu Verdunkelungsübungen: „Schon
im Juni hatte man zweimal geprobt, je zwei Stunden lang. Diese
‚Feierabende‘ waren sehr gemütlich gewesen. Diesmal waren die
Schwierigkeiten grösser. Der lange Schübling, den jeder in stiller
Heimlichkeit bei abgeblendetem Lampenschirm und grossem
Zeremoniell auf seinem Zimmer verzehrte, war recht gut." Am
30. November 1938 nahmen die Schweizer Konviktoren an einer
vaterländischen Kundgebung an der Universität teil, „wo die damals in Szene gesetzten, ausländischen Umtriebe gegen die Freiheit und Unabhängigkeit unserer Heimat entschiedene Ablehnung
erfuhren." 1935 lebten im Salesianum 100 Theologen, 1938 sogar
112, 1939 nach dem Kriegsausbruch nurmehr 61. Die Studenten
waren wiederum statt über Büchern unter Waffen. 1940 stieg deren Zahl erneut auf 115. Darunter befanden sich 33 Priester. 1944
wohnten im Salesi 60 Theologiestudenten und 42 Priester, davon
16 aus der Immenseer Gemeinschaft. Nach 1945 sank die Zahl der
Theologiestudenten. Schuld daran war der schon damals erkannte
Rückgang an Priesterberufen.

Nach dem Zweiten Weltkrieg zogen auch wieder Alumnen aus
dem Ausland ins Salesianum. Unter den 82 Theologen befanden

Der Speisesaal in
alter Anordnung

sich 1946 16 Marianhiller aus Holland, die allerdings 1947 in ihr
neues Heim nach Brig zogen. Da das Salesianum keine Subventi-
onen beziehen konnte, sondern einzig aus dem Ertrag der Pensi-
onsgelder leben musste, wurden ab 1947 auch Nichttheologen aufgenommen. Es waren gleich deren 46. Dazu Regens Karl Boxler:
„Wir hatten aber das Vertrauen, das Zusammenleben von Theologen und Laien werde den erstern nicht schaden, den letztern
aber nützen. Unser Vertrauen in die jungen Leute wurde im Allgemeinen nicht enttäuscht." Prominenz im Salesianum: Father Basil
Hume OSB lebte im Salesianum von 1947 bis 1951. Im Jahre 1963
wurde er Abt von Ampleforth in York und 1976 Erzbischof von
Westminster und als Primas der Katholiken Kardinal. Ich erinnere
mich, dass er zu meiner Zeit, anfangs der 80er Jahre wieder einmal
das Salesi besuchte. Er ass am Regenstisch, wie auch wir, die wir
jeweils die Gäste bedienten. Als Jurist des Innerrhoder Wirtever-
eines sollte ich dies ja können. Doch Kardinal Hume lehnte ab.
Er lasse sich nicht bedienen. Er sei Diener… und bewirtete den
Regens, die Professoren und uns. Franziszek Marcharski lebte von
1956 bis 1958 im Salesianum. Er wurde im Jahre 1979 zum Kardinal ernannt.

Am 8. und 9. März 1955 bereitete unser Haus den Bischöfen
besondere Sorgen. Regens Karl Boxler, seit 1925 Regens, wünschte
aus gesundheitlichen Gründen das Regensamt abzugeben. Ein neuer Amtsinhaber war nur schwer zu finden. Ordensleute sagten ab,
auch Weltpriester. Die Bischöfe bevorzugten einen Ordensmann.
Dem widersprach aber Bischof Franziskus von Streng. Regens

27

sollte ein gut ausgebildeter Theologe werden, der aus der Praxis kam und die Priesteramtskandidaten eben auch für diese Praxis ausbilden sollte. Schon P. Frühwirt, General der Dominikaner, schrieb dazu am 30. Oktober 1903 grundsätzlich: „…dass sich der Orden auf das beschränke, was der Heilige Vater ihm anvertraut, nämlich Theologie und Philosophie zu dozieren, die Erziehung aber dem hochwürdigsten Episkopate der Schweiz zu überlassen." Da stiess der Stiftungsrat auf den Katecheten von Bremgarten, lic. theol. August Berz. Dieser erklärte sich bereit, die Leitung des Hauses zu übernehmen. Gerne wurde er durch den Stiftungsrat im Einverständnis der Schweizerischen Bischofskonferenz gewählt.

Regens Berz erwartete ein gut geführter, eigentlich nach alter Väter Sitte durchaus lebendiger Betrieb, ganz im Sinne der tridentinischen Kirchengesetzgebung. Er wird wohl kaum geahnt haben, was alles auf ihn zukommen würde. Über die Veränderungen im Lauf der Jahre berichtet er in dieser Schrift selbst. Auch er hat – so sagte er mir mehrmals – eine grosse Wandlung mitgemacht. Vielen fielen die Änderungen nicht leicht. Immerhin trafen sie das Salesianum nicht ganz unvorbereitet. In den Jahresberichten lesen wir nämlich von Vortragsreihen, in welchen theologische Fragen diskutiert wurden. Die Namen der Autoren verraten uns, dass theologische Neuerungen bereits vor dem Konzil diskutiert wurden. Dazu kam, dass das Salesianum gewissermassen an Haupt und Gliedern, also von zu unterst bis zu oberst renoviert werden musste. Die Kosten mussten aus Eigenmitteln erwirtschaftet werden.

Im Jahre 1979 bezog Josef Wick v/o Jonas das Salesianum. Er wurde auch Regens. Sein Amt wurde indes auf die Theologiestudierenden, die nicht im Salesi wohnten, ausgedehnt. August Berz blieb Hausdirektor, 1980 wurde er Pfarrer von Ins.

„Am 5. und 6. Oktober 1982 vereinigte das 75jährige Salesianum wiederum alt und jung. Vieles hat sich geändert, die gute Substanz ist geblieben, für Theologen und Laien, im Mitmenschen Christus zu sehen und ihm zu dienen, dafür zu arbeiten und sich entsprechend auszubilden. Dienst am Mitmenschen ist zuerst Last und Überwindung, mag er auch noch so klein sein. Der Lohn dafür ist Freude und Gnade in so grossem Übermass, das grösser ist als unser Verdienst."

Auch ein Überblick muss Einblick ins Innere eines Hauses bieten. Statistik allein ist etwa so wie ein tönendes Erz, dem eben

die Liebe fehlt. Aber gerade das Alltagsleben zu beschreiben ist
überaus schwer. Einmal, weil kaum etwas aufnotiert wurde. Zum
andern hätte so viel geschrieben werden müssen, dass aus meinem
Überblick über die ersten 75 Jahre ein Monumentalwerk wie etwa
der Kommentar zum Schweizerischen Zivilgesetzbuch mit tausen-
den von Seiten entständen wäre.

Die Regenten

Der Geist, der in einem Theologenhaus herrscht, lässt sich am
ehesten beschreiben, wenn wir die Biographien der Regenten darstellen. Die Anforderungen, die an sie gestellt werden, sind enorm.
Ich vermute, dass mancher Priester sich zweimal überlegen würde,
eine solche Aufgabe zu übernehmen, wenn er sich bewusst ist, was
das Decretum Optatam totius Art. 4 (AAS 58/1966) und Nr. 30
der Ratio fundamentalis Institutionis Sacerdotalis vom 6. Januar
1970 (AAS 62/1970) von ihm erwarten: Dazu schreibt Prof. Dr.
theol. Rudolf Weigand: „Da von ihrer theologischen, geistlichen
und menschlichen Qualifikation die Erziehung der Priester entscheidend abhängt, müssen sie aus den besten Kräften ausgewählt,
auf ihren Beruf besonders vorbereitet werden und sich beständig
weiterbilden, nicht zuletzt durch gegenseitigen Erfahrungsaus-
tausch auf regelmässigen Konferenzen" (Handbuch des katholischen Kirchenrechts, Regensburg 1983, S. 225).

Am 18. August 1903 bestimmten die Schweizer Bischöfe *Jakob
Krucker* zum Regens des geplanten neuen Theologenkonvikts. Er
wurde im Jahre 1841 geboren und besuchte die katholische Kan-
tonsrealschule in St. Gallen und anschliessend das Kollegium Maria Hilf in Schwyz. Den theologischen Studien oblag er in Mainz,
Innsbruck und Rom. Während des Ersten Vatikanums begleitete
er Bischof Karl Greith als Sekretär. 1869 hatte er die Priesterweihe
empfangen. Von 1870 bis 1890 war er Lehrer am Kollegium Maria
Hilf in Schwyz. Hier unterrichtete er Mathematik, klassische Sprachen, Rhetorik und Philosophie. Im Jahre 1890 wurde er Verwalter
des Albertinums. Er versprach sich einen ruhigeren Posten als im
Schuldienst. Doch es sollte anders kommen. Er ist der Gründer
unseres Hauses und rieb sich mit all den Bau- und Organisations-
fragen auf. Er wurde am 5. Februar 1907 in seinem Zimmer tot
aufgefunden. „War doch Regens Krucker eine typische Persönlichkeit in Freiburg geworden. Populär beim arbeitenden Volke,

Regens
Jakob Krucker
(1903-1907)

Regens
Josef Beck
(1907-1912)
(1921-1923)

30

sehr geliebt seitens der Studenten, hoch geachtet von den städtischen und kantonalen Behörden," so sein Nachfolger, *Prof. Dr. Josef Beck.*

Dieser wurde durch die Bischöfe am 22. August 1907 gewählt. Er war seinerzeit eine der bekanntesten Grössen im Schweizer Katholizismus. Seine Amtszeit als Regens dauerte vorerst bis 1912, als gesundheitliche Gründe ihn zum Rücktritt veranlassten; er nahm das Amt aber noch einmal von 1921-23 an. Er wohnte seit 1907 bis zu seinem Tod am 10. September 1943 im Salesianum. Von 1907 bis 1926 war er zudem Spiritual. Er wurde am 18. Oktober 1858 in Sursee geboren. Zwei seiner Schwestern traten in Kongregationen ein. Sr. Maria Paula Beck wurde Generaloberin der Menzinger Schwestern und Theresia Beck Generaloberin derjenigen von Ingenbohl. Josef Beck studierte Theologie in Luzern, Löwen und Innsbruck. 1884 wurde er zum Priester geweiht. 1885 doktorierte er in Theologie, und begann seine praktische Tätigkeit als Vikar in Basel. Hier lernte er die Situation der Diaspora-Katholiken und damit die Probleme der Arbeiterseelsorge kennen. 1888 wurde er Professor für Theologie in Luzern und 1891 in Freiburg. 1906/07 bekleidete er das Amt eines Rektors der Universität. Auch als Professor war er „politisch" tätig. Seine Vorträge und Publikationen zu eidgenössischen Fragen wurden gern gelesen und waren von grosser Wirkung, so gegen das Krankenversicherungsgesetz nach Bundesrat Forrer, im Kampf um Getreidemonopol, Altersversorgung

und gegen das Schweizerische Strafgesetzbuch. Früh setzte er sich für die Mitbestimmung der Arbeiter ein, damals sogar noch gemeinsam mit den Sozialdemokraten, bis dann Karl Greulich sich auf die marxistische Linie festband. Mit seiner Schwester, Maria Paula Beck, gründete er im Jahre 1904 die Académie Sainte Croix im Pérolles. Hier unterrichteten die Professoren der Universität für Studentinnen, die als Frauen die Universität noch nicht besuchen durften. Für die Studenten war er ein grosses Vorbild. Ältere Priester, die sich während der Sommerferien im Salesi erholten, erzählten von ihm. So sprach er beispielsweise immer, wenn er den Griff der Wasserspülung herabzog: „Nieder mit dem Sozialismus." Leider wurden die zahlreichen Episoden nicht gesammelt.

Regens
Severin Jung
(1912-1921)

31

„Gewiss, Mgr. Dr. Josef Beck war dem Amte nach in erster Linie Professor, und er hat seit der Errichtung der theologischen Fakultät im Jahre 1891 zusammen mit Mgr. Kirsch in dieser Körperschaft das weltpriesterliche und vor allem das schweizerische Element verkörpert" (Prof. DDr. Emil Franz Josef Müller-Büchi). Zusammen mit Ökonom Jung kaufte er das Gut Moncor. Vorerst wurde es dem Salesianum verpachtet und schliesslich geschenkt.

Nachfolger wurde der bisherige Ökonom *Jakob Severin Jung*. Er wurde am 3. Mai 1873 in Niederhelfenschwil geboren. Die Studien absolvierte er am Kollegium in Schwyz, die theologische Ausbildung in Freiburg. Im Jahre 1898 wurde er zum Priester geweiht. Im Jahre 1907 wechselte er nach Freiburg, wo sein Onkel, Jakob Krucker, das Salesianum eröffnen wollte. Als Ökonom besorgte er die Buchhaltung und leitete die Landwirtschaft. Im Jahre 1918 musste er feststellen, dass ihn ein Gehörleiden zu plagen begann. Das Bischöfliche Ordinariat in Freiburg bedauerte dies sehr. Noch bis 1921 blieb er Regens. Von 1921 bis 1923 war Jung immerhin wieder Ökonom. Als 1923 ein neuer Regens zu bestimmen war,

verlangte dieser, ohne Jung zu kennen, Jung müsse aus dem Salesianum entfernt werden. Er sei wohl ein guter Bauer, ihm sei aber die Rendite Hauptsache. Es herrsche daher keine Ordnung im Hause. Jung zog sich zurück und rechtfertigte sich in einer Broschüre, die er aber nur ,confidentiell' verbreitete.

In den Jahren 1921 bis 1923 war Prof. Beck wiederum Regens. Bischof Dr. Robertus Bürkler begab sich nun auf die Suche nach einer Persönlichkeit, die die geistliche Leitung im Salesianum übernehmen sollte. Dies muss nicht einfach gewesen sein, schreibt der Bischof doch, er habe so viele Körbe bekommen, dass er bald eine Korbhandlung hätte eröffnen können. Er wurde aber fündig: Es stellte sich *Dr. theol. und Dr. phil. Gebhard Rohner* zur Verfügung. Geboren am 20. Januar 1866, wurde er nach Studien in Rom Pfarrer in Gams und dann in Gossau. 1923 kam er als Regens nach Freiburg und verlangte also die Absetzung Jungs als Ökonomen, obwohl er diesen gar nicht kannte. Prof. Beck bedauerte dies sehr. Zwei Brüder Rohners waren Dominikaner. Deshalb wurde behauptet, die Dominikaner wollten sich in den inneren Betrieb des Salesianums einmischen. Das sorgte für weitere Diskussionen. Regens Rohner wird von Zeitzeugen als sehr energisch geschildert. Er fühlte sich zeitlich unterfordert und demissionierte im Jahre 1925. Er zog ins Frauenkloster Leiden Christi in Jakobsbad, wo er Studien über die Gründerin des Klosters, Sr. Rosa Maria Bättig, unternahm.

Doch wer sollte Regens werden? Bischof Robertus Bürkler stiess dabei auf *Karl Boxler.* Geboren wurde er am 4. Mai 1887 und studierte in Stans, Sarnen und Innsbruck. Am 8. März 1913 wurde er zum Priester geweiht und wirkte in Gossau acht Jahre lang als Kaplan unter Pfarrer DDr. Gebhard Rohner. Dann zog er in die Missionen nach Kolumbien. 1925 kehrte er – gesundheitlich angeschlagen – in die Schweiz zurück. Am 9. Oktober 1925 traf Boxler im Salesianum ein. Seinen Aufgaben stellte er sich mit ganzer Kraft. Ein Schreiben von Generalvikar Ludwig Ems nach Rom beweist dies auch: „M. l'abbé Boxler remplit sa charge à la satisfaction de tous: Il a contribué pour une bonne part à l'excellente réputation dont jouit le Salésianum et il se dévoue pour une bonne part à la formation de ses élèves avec un zèle des plus grandes éloges." Die Amtszeit Boxlers war nicht einfach: Im

Regens
Karl Boxler
(1925-1955)

Zweiten Weltkrieg herrschte neben der allgemeinen Gefahrensituation Lebensmittelmangel. Dann befanden sich zahlreiche Priesteramtskandidaten im Salesianum, für die keine Anstellung gegeben war. Es herrschte Priesterüberfluss. Zahlreichen jungen Seelsorgern hat Boxler den Weg in Orden und in die Missionen geöffnet. Regens Boxler hätte weit mehr Theologen aufgenommen. Diese hätten an der Universität Sprachen lernen sollen, um nach dem Weltkrieg dort als Seelsorger tätig zu werden, wo Priester während des Krieges umgekommen waren. 1934 konnte Regens Jung dazu bewogen werden, die Ökonomie des Hauses wieder zu übernehmen. Er tat dies bis zu seinem Tod am 22. September 1943. Am 3. März 1955 musste der Stiftungsrat Boxlers Demission entgegennehmen. Er war 30 Jahre lang Regens gewesen und musste auf seine Gesundheit mehr Rücksicht nehmen. Am 15. Juli 1955 verliess er das Salesianum und wurde Spiritual der Schwestern im Kloster Leiden Christi im Jakobsbad. Dort war er noch an einer Gründung beteiligt: Die Bonitas Dei-Schwestern. Die Neuerungen, welche Regens Berz im Gefolge des Zweiten vatikanischen Konzils einführen musste, verfolgte Boxler mit Interesse und Anerkennung. Er verstarb am 29. Dezember 1967.

Auf der Suche nach einem Nachfolger fand Bischof Franziskus von Streng im Katecheten von Bremgarten, *Dr. August Berz*, einen würdigen Nachfolger. Geboren wurde er am 29. Dezember 1918. Seine Gymnasialstudien schloss er in Sarnen ab. Hier er-

33

Regens
August Berz
(1955-1980)

Regens
Josef Wick
(1980-1986)

34

lernte er auch Italienisch, Spanisch und Englisch, Vorteile, die ihm in seiner Regentenzeit zu Gute kommen sollten. Er betätigte sich nämlich in reichem Masse als Übersetzer theologischer Schriften. Diese Tätigkeit, so berichtete er mir, führe dazu, dass er auch theologisch immer auf dem Laufenden bleiben könne. 1943 wurde er zum Priester geweiht. Vorerst war er Vikar in Riehen und nachher acht Jahre lang Katechet in Bremgarten. Regens Boxler hatte in seiner Tageschronik notiert: „Goldener Theologe". Am 16. Oktober 1955 bezog er das Salesianum. 1958 wurde er zusätzlich Lehrbeauftragter für Katechetik. Seit 1968 veröffentlichte er laufend Bücher und Broschüren mit geistlichen Texten. Er hatte die schwierige Aufgabe zu bewältigen, die Neuerungen des Konzils in die Praxis umzusetzen. Auch wurde die Mentalität der Theologiestudierenden anders: Viele begannen ihre Ausbildung, ohne zu wissen, ob sie Priester werden wollten. Sie konnten oder wollten noch nicht festlegen, wie ihr Apostolat einmal aussehen sollte. Nebst alledem war das Haus zu renovieren. Jeden Sommer musste ein Stockwerk neu gestaltet werden, was auch wieder eine Unmenge von Umtrieben mit sich brachte. 1980 kehrte Dr. August Berz wieder in seine Heimatdiözese zurück. Er wurde Pfarrer in Ins.

Bereits 1979 war *lic. theol. Josef Wick* zum neuen Regens berufen worden. Sein Aufgabenbereich war anders als derjenige von August Berz. Regens Wick war auch für die Theologen und Theologinnen verantwortlich, die in der Stadt

Regens
Stefan Niklaus
Bosshard
(1986-1987)

Regens
Sandro Vitalini
(1987-1994)

wohnten. Bis 1980 stand ihm August Berz noch als Hausdirektor zur Verfügung. Die Hausleitung übernahm dann ein Leitungsteam, bestehend aus Josef Wick, den im Hause wohnenden Regenten des Walliser und Tessiner Seminars, dem Lehrbeauftragten Pietro Selvatico und zwei Schwestern aus Menzingen. Auch für ihn war die Zeit nicht einfach. Zur Verunsicherung, wie sie die meisten jungen Menschen traf, kam noch hinzu, dass sich an der Theologischen Fakultät verschiedene Richtungen bekämpften. Josef oder dem Studentennamen entsprechend Jonas Wick versuchte ständig zu vermitteln. Dies erforderte enorme Kräfte. Im Salesianum verblieb er bis 1986. Dann wurde er Pfarrer in Heiden AR und schliesslich Diözesanregens, wo er sich ja wieder der Bildung und Ausbildung der Jungen widmen konnte. Ich glaube, dass ihm diese Aufgabe sehr zugesagt hat.

35

Für den guten Geist im Hause haben aber auch Küche und Hausdienst viel beigetragen. So waren es die Menzinger Schwestern, aber auch getreue Mitarbeiter weltlichen Standes. Stellvertretend denken wir an Hedy Boxler (seit 1937) und Beda Schildknecht (1929-1977).

Der geschichtliche Überblick der ersten 75 Jahre des Salesianums endet hier. In den folgenden Jahren bis zur heutigen Hausleitung von Hildegard Aepli und Thomas Ruckstuhl haben weitere 4 Regenten ihre wertvollen Dienste geleistet. Es waren dies *Dr. Stefan Niklaus Bosshard* (1986-1987), *Prof. Dr. Sandro*

36

Vitalini (1987-1994), *Prof. Dr. Josef Sayer* (1994-1997) und *Richard Kager* (1997-1999).

Die Haus-Tradition des Salesianums ist zwar nicht ur-alt, aber stattlich. Es hat hier Regenten und Studenten, Priester- und Laienkonviktoren gegeben, die Geschichte gemacht haben und noch machen. Doch ein Konvikt lebt noch nicht dadurch, dass es Tradition aufweisen kann. Konvikt meint etwas Aktuelles: das aktuelle Sich-Einlassen aufeinander, und auf das, was gemeinsam erhofft, erstrebt, erkämpft und erbetet wird (Josef Wick).

AUSBILDUNG HEUTE

Thomas Ruckstuhl

Ausbildung zum kirchlichen Dienst im Salesianum

Tatsachen und Erfahrungen

Mit diesem Beitrag möchte ich Einblick geben in die Erfahrungen, die ich in der Ausbildung von angehenden Priestern und Laientheologinnen gesammelt habe. Sie stammen aus der sechsjährigen Tätigkeit im Salesianum und aus der Mitarbeit in verschiedenen Ausbildungsgremien. Das Theologenkonvikt ist aufgrund seiner Zweckbestimmung ein Ort, wo Studierende verschiedener Berufungs- und Ausbildungswege zusammen leben, ihren theologischen Studien nachgehen und zum Gebet und zum Gottesdienst zusammenkommen. Hildegard Aepli und ich leiten in diesem Umfeld die Studienbegleitung für die deutschsprachigen Theologiestudierenden. Es ist eine anspruchsvolle Aufgabe, im Respekt gegenüber der Verschiedenheit der Studierenden die Einheit zu fördern und zugleich die Unterschiede nicht zu ersticken. Waches Dabeisein und immer wieder das Gespräch mit den einzelnen auf ihrem persönlichen Weg der Klärung ihrer Berufs- und Lebensziele, das sind zentrale Elemente dieser Aufgabe.

Was die Konturen unserer Arbeit bestimmt, sei zunächst anhand der Dokumente zur Ausbildung angehender Priester, Pastoralassistentinnen und Pastoralassistenten skizziert (I). Ausgehend von den vier Dimensionen, die die Pädagogik kirchlicher Ausbildung kennzeichnen (II), möchte ich anschliessend von Fakten und Erfahrungen aus dem Salesianum berichten (III) und dann im Blick auf eine zukunftsorientierte Ausbildung einige Anliegen formulieren (IV).

I Die Grundlagen der Ausbildung zum kirchlichen Dienst

1. Gemeinsame Ausbildung von Priesterkandidaten und PastoralassistentInnen

Eine Besonderheit besteht darin, dass die Ausbildung zum Priester und die Ausbildung zum Pastoralassistenten, bzw. zur Pastoralassistentin in der Deutschschweiz weitgehend deckungsgleich sind, was Ausbildungsziele, Ausbildungselemente und Ausbildungsort anbetrifft. Das Miteinander der Studierenden verschiedener Berufsziele bereitet auf die künftige Zusammenarbeit im seelsorglichen Dienst in den Pfarreien vor. Darin liegt eine grosse Chance. Die Bischöfe haben diese Option nach dem Konzil gefördert und in den Ausbildungsstätten allmählich umgesetzt: durch die Einrichtung von Mentoraten für die LaientheologInnen, bzw. durch Öffnung der Priesterseminarien zunächst für Laientheologen und dann auch für Laientheologinnen; so etwa im Seminar St. Beat in Luzern oder im Konvikt Salesianum. Im Blick auf diese Entwicklung stellen Aussenstehende die Frage, wie in einem solchen Konzept die Priesterausbildung konkret realisiert wird. Den Verantwortlichen der Ausbildung obliegt es, aufgrund ihrer Erfahrungen zu beantworten, ob das Miteinander der Ausbildungswege hilfreich ist für die Entfaltung der je eigenen Berufung und Identität.

Zunächst möchte ich die in der Schweiz vorliegenden Rahmenordnungen zur Ausbildung von Priestern und PastoralassistentInnen vorstellen und vergleichen.

2. Rahmenordnungen zur Ausbildung für den kirchlichen Dienst

Die „Rahmenordnung für die Ausbildung zum Dienst als Pastoralassistent oder Pastoralassistentin in der Schweiz" wurde 1988 veröffentlicht und ist seither in Kraft. Im Vorwort halten die Bischöfe fest, dass die enge Zusammenarbeit der Priester, Diakone und Laien in einer entsprechenden Weise schon in der Ausbildung vorbereitet werden muss. Das war auch der Grund, warum die Rahmenordnung damals gleichzeitig und inhaltlich im Anschluss an jene für die Priesterkandidaten erarbeitet und veröffentlicht wurde. Die beiden Dokumente weisen in Struktur und Inhalt viele Gemeinsamkeiten auf. Das Dokument der Bischöfe über die

„Beauftragten Laien im kirchlichen Dienst" von 2005 nimmt eine Präzisierung des theologischen Profils und des Einsatzes von Pastoralassistentinnen und Pastoralassistenten in einigen sensiblen Bereichen wie Wortverkündigung, Liturgie und Mitwirkung in der Gemeindeleitung vor.

Der Konzilstheologie entsprechend wird in diesen Dokumenten hervorgehoben, dass für den Aufbau der Kirche und ihre Sendung alle Getauften und Gefirmten auf je eigene Weise verantwortlich sind. Auch wird betont, dass darüber hinaus die Laien in verschiedener Weise zur unmittelbaren Mitarbeit an der Glaubensgemeinschaft berufen und beauftragt werden können. Diese Mitwirkung wird von den Bischöfen durch eine Missio bzw. Institutio als fester Dienst anerkannt. Nach nunmehr 30-jähriger Erfahrung soll heute das eigene Profil dieser pastoralen Dienste nicht im Sog des Priestermangels preisgegeben, sondern die eigenständige Sendung präzisiert und gestärkt werden.

Die Schweizer Bischofskonferenz hat im Jahr 2000 eine neue „Rahmenordnung für die Ausbildung zum Dienst als Priester in der Schweiz" (RO) erlassen. Sie nimmt damit das gesamtkirchliche Anliegen auf, eine nationale Ordnung für die Priesterausbildung zu erstellen, die mit Rücksicht auf die allgemeinen Normen (Can. 242 §1) den seelsorgerlichen Erfordernissen der jeweiligen Region und Zeit entspricht. Diese als „Ratio nationalis" deklarierte Rahmenordnung legt das Ziel, den Ort, die Träger, die Form und die Dimensionen der Ausbildung fest.

Der priesterliche Dienst besteht in diesem Dokument gemäss katholischer Amtstheologie darin, der gemeinsamen Berufung und Sendung aller Gläubigen zu dienen, indem er für sie das Haupt der Kirche, Christus, repräsentiert und in seinem Auftrag das Evangelium verkündet, die Gemeinde zusammenführt und die Sakramente spendet (Vgl. RO Nr. 2 und 3).

Die Rahmenordnung kennzeichnet das Priesterseminar als Ort, wo die Kandidaten diese besondere Beziehung zu Christus entdecken können und in das Leben nach dem Evangelium hineinwachsen. Das Wort Seminar stammt übrigens aus dem Begriffsfeld des Säens und Wachsenlassens, des Hegens und Pflegens.

Als Verantwortliche für die Ausbildung werden neben dem Bischof der Regens, der Spiritual und die Professoren genannt. Interessanterweise hebt die Rahmenordnung an mehreren Stellen die

Bedeutung der Weggemeinschaft der Seminaristen hervor (RO Nr. 6 und 15). Dort werde im heutigen Kontext die Gruppenerfahrung Jesu mit seinen Jüngern ergründet und erlebt. Das ist ein Hinweis darauf, dass der Austausch und die Dynamik einer Gruppe einen hohen Stellenwert für die Formung der Persönlichkeit haben.

Als Kriterien für die Aufnahme ins Seminar werden neben der physischen und psychischen Gesundheit auch menschliche Reife, stabile Beziehungsfähigkeit und authentische Selbstverwirklichung genannt (RO Nr. 23). Von der Arbeit an der menschlichen Reife wird eigens noch die Rede sein. Die Werte, zu denen die geistliche Ausbildung hinführen soll, sind Wahrheitsliebe, Aufrichtigkeit, Achtung vor jedem Menschen und echtes Mitgefühl, Arbeitsgeist, konsequenter Lebensstil sowie ein ausgewogenes Urteil und Verhalten (RO Nr. 28).

3. Die Rahmenordnungen im Vergleich

Ein Vergleich der beiden Richtlinien ergibt, dass die geforderten *menschlichen* Qualitäten für den pastoralen Dienst sowie die *theologische* und *praktische* Ausbildung für beide Berufsgruppen nahezu die gleichen sind. Auch die zentralen Elemente der *geistlichen* Ausbildung sind weitgehend identisch. Ich möchte sie hier nur erwähnen, da einzelne Bereiche im Beitrag von Hildegard Aepli ausführlich dargestellt werden. Zur Hinführung auf ein Leben in der Seelsorge gehören gemäss diözesanen Richtlinien:

- Pflege des gemeinschaftlichen und persönlichen Gebetes
- Lebensgestaltung aus dem Hören auf das Wort Gottes
- Regelmässige Teilnahme an der Eucharistie
- Leben aus dem Geist der evangelischen Räte (Armut, Keuschheit, Gehorsam)
- Auseinandersetzung mit der persönlichen Lebensform im zölibatären Leben oder der ehelichen Partnerschaft
- Geistliche Begleitung über längere Zeit
- Standortgespräche mit den Verantwortlichen
- Wohnen im Seminar oder in einer ähnlichen Lebensgemeinschaft
- Exerzitien und Besinnungstage
- Je ein soziales, seelsorgerliches und katechetisches Praktikum von 5 Wochen

- Predigtausbildung
- Berufseinführung/Pastoralkurs

Die geistliche Ausbildung der Priesterkandidaten unterscheidet sich von jener der LaientheologInnen durch einige Präzisierungen und Hervorhebungen. Man erwartet von ihnen den Aufenthalt im Seminar während des ganzen Studiums (mit der Möglichkeit eines Auslandjahres), die tägliche Teilnahme an der Eucharistie und Betrachtung der Heiligen Schrift, eine grundlegende Hinführung zur Tagzeitenliturgie, den regelmässigen Empfang des Bussakramentes, Zeiten der eucharistischen Anbetung, die Verehrung der Gottesmutter und den freien Entschluss zur Ehelosigkeit (was als Möglichkeit auch für LaientheologInnen aufgeführt ist). Hier stellt sich die Frage, ob angehende Priester in ihrer Seminarausbildung einfach einige zusätzliche Programmpunkte erfüllen müssen, oder ob nicht darüber hinaus die Vorbereitung auf eine tragfähige Lebensentscheidung zum Priestertum eine spezifische Gestaltung ihres Lebens im Seminar erfordert.

II Die Pädagogik der vier Säulen

Wie bereits erwähnt, steht die Ausbildung zum kirchlichen Dienst auf vier Säulen. Sie will eine Ausbildung für Kopf, Hand und Herz gewährleisten und damit den ganzen Menschen im Blick behalten. Neben der bereits skizzierten geistlichen Ausbildung sind es die menschliche Entfaltung, die wissenschaftlich-kulturelle Bildung und die pastoral-praktische Ausbildung, die diese Viersäulenpädagogik umfasst. Ich möchte einige Bereiche kommentieren.

1. Die Herzensbildung als Fundament

Die menschliche Entfaltung ist die Grundlage der Ausbildung zum seelsorglichen Dienst. Gemeint ist eine *Herzensbildung*, die ihr Augenmerk auf den ganzen Menschen legt, auf die Kenntnis eigener Stärken und Grenzen, auf das Wissen um eigene Bedürfnisse und wie sie zu formulieren sind, auf die Fähigkeit zum Gespräch mit verschiedensten Menschen und auf die Wachheit für Gesellschaft und Kultur. Die zentrale Frage dieser menschlichen Ausbildung lautet, wie wir den Studierenden helfen können, zunächst einmal ihrem *Menschsein* Beachtung zu schenken. Dies ist keineswegs so selbstverständlich, wie es auf den ersten Blick scheint. Tatsächlich sind gemäss einer Umfrage aus dem Jahr 2002 von den Regenten und Ausbildungsverantwortlichen im deutschen Sprachraum 80% der Meinung, dass die Persönlichkeitsbildung und menschliche Reifung der Kandidaten zu wenig beachtet wird und Handlungsbedarf bestehe. Eine Ursache für die deutlichere Wahrnehmung dieser Dimension liegt mit Sicherheit in den Pädophilieskandalen. Sie haben die katholische Kirche für die Frage sensibilisiert: Wie gehen wir mit Tabuthemen in der Ausbildung um und worin besteht der Beitrag zur Entwicklung ausgewogener Persönlichkeiten?

Zur Förderung und Entfaltung der *menschlichen* Voraussetzungen für die Seelsorge werden heute vermehrt psychologische Dienste in Anspruch genommen. Die Angebote sind vielfältig: psychologische Klärungsgespräche, persönliche Standortbestimmung, Seminare zum Thema „Nähe, Distanz und Affektivität". Ganz konkret und ausgehend von den eigenen Erfahrungen wird biographische Arbeit betrieben, und es werden Themen wie Umgang mit Gefühlen, Gestaltung von Beziehungen, Sexualität, Konflikt usw. angesprochen. Es geht darum, bewusst zu machen, dass die Reife in der Beziehungsgestaltung zu den grossen Lernaufgaben des Menschen und insbesondere auch von Seelsorgerinnen und Seelsorgern gehört. Gefühle und Sexualität stellen eine Prägekraft des Handelns dar. Ziel ist es, sie als positive Ressource wahrzunehmen, ohne die Schattenseiten zu verdrängen. Dazu braucht es intensive persönliche Arbeit, die in der Ausbildung lediglich angestossen werden kann. An den Studierenden liegt es dann, diese Impulse aufzunehmen und sich selber zu prüfen, die Selbstwahrnehmung zu sensibilisieren und in der persönlichen Begleitung zu vertiefen. Entscheidend ist, dass sich jemand auf einen Wachstumsprozess einlassen kann und seine Beziehungsfähigkeit auch im Gespräch mit dem Begleiter unter Beweis stellt.

2. Die Hinführung zum zölibatären Leben

Eng verbunden mit der Herzensbildung ist die Vorbereitung auf die zölibatäre Lebensform der Priesterkandidaten. Auf dem Weg der Entscheidungsfindung brauchen die Priesterkandidaten in dieser Frage Aufmerksamkeit und Begleitung. Auch wenn die Fragen der Zulassungsbedingungen zum kirchlichen Amt in der katholischen Kirche weiterhin diskutiert werden, dürfen wir es nicht unterlassen, denen die nötigen Entwicklungsschritte zu ermöglichen, die sich auf den Weg der Vorbereitung zum Priestertum befinden. Dabei gilt es zunächst, eine verhängnisvolle Engführung des priesterlichen Zölibats einzig und allein als Verzicht auf die Erfahrung geschlechtlicher Erfüllung zu beseitigen. Ich stimme Anselm Grün zu, wenn er sagt, dass der Zölibat ein Weg der Menschwerdung ist, der Weite und Freiheit ermöglicht, ein Ansporn, wach zu sein, auf dem Weg zu bleiben und Gott zu suchen als wahres Ziel des Lebens. Es ist ein Weg, der genauso glücken oder misslingen kann wie der Weg in Ehe und Familie. *Gott* ruft auf diesen oder den anderen Weg.

Um herauszufinden, ob jemand auf den Weg des ehelosen Lebens gerufen ist und ihn wählen will, ist es wichtig, Erfahrungen zu sammeln, ob er ihn auch leben kann. Dies ist besonders in jungen Jahren nicht einfach, zumal sich die Integration der Geschlechtlichkeit in die Gesamtpersönlichkeit bis ins junge Erwachsenenalter hinein verzögert. Ein Haus der Priesterausbildung sollte daher versuchen, soweit es überhaupt in seinen Möglichkeiten steht, die nötigen Voraussetzungen für eine Klärung der Lebensform zu schaffen. Dazu gehören meines Erachtens folgende Elemente:

Die *Leibfreundlichkeit* ist heute offenkundig und die Studierenden leiden nicht, wie vergangene Generationen, an einer verkrampften Einstellung zu ihrer Geschlechtlichkeit. Nicht die Tabuisierung, sondern eher die schleichende Trivialisierung prägt die Wirklichkeit. Viel gewichtiger scheint mir aber die Rollenunsicherheit bzw. die Ausprägung einer Identität als Mann und als Frau. Ein männliches oder weibliches *Selbstwertgefühl* zu erwerben, ist eine unverzichtbare und bleibende Herausforderung für ein eheloses Leben. Beste Hilfe und notwendige Voraussetzung dafür ist die Begegnungsfähigkeit mit Frauen, Männern und Ehepaaren. Daher erfahre ich das Zusammenleben von Studentinnen und Studenten im Salesianum nicht als Hindernis für die Reifung zum ehelosen Leben. Menschliche *Beziehungen* sowohl auf der freundschaftlichen als auch auf der seelsorglichen Ebene sind eine der zentralsten Voraussetzungen für die gelungene Ehelosigkeit. Beide Beziehungsformen sind aber auch voneinander zu unterscheiden.

Wer in der Seelsorge tätig ist, muss die Menschen gern haben, selbstlos für sie da sein und sich einfühlen können. Ein erfülltes zölibatäres Leben kann die seelsorgliche Offenheit und Begegnung verstärken. Es wäre aber verkehrt, wenn die Erfüllung der Sehnsucht nach Beziehung in diesen seelsorglichen Beziehungen gesucht würde. Daher sind seelsorgliche Beziehungen von Freundschaften zu unterscheiden. Die Fähigkeit zur *Freundschaft* ist entscheidend für ein gelungenes zölibatäres Leben. Scheitern der Ehelosigkeit steht oft in Verbindung mit Vereinsamung, mit dem Fehlen von Anteilnahme, Zuspruch und liebevoller Korrektur.

Für die Entfaltung freundschaftlicher Beziehungen unter Priesterkandidaten scheint mir wichtig, dass gerade auch im Seminar dafür Orte und Zeiten reserviert sein müssen. Damit ist keine Abschottung gemeint, sondern ein natürliches Zusammenfinden, das gerade für die Selbstfindung einen wichtigen Schutz bietet.

Sexualität verweist immer auch über menschliche Begegnung hinaus auf die Frage: Wonach sehne ich mich wirklich? Das geistliche Leben gibt der Sehnsucht nach Gott Raum. Aus dieser Begegnung mit Gott kann eine Beheimatung und Geborgenheit erwachsen, die erst den Mut zum Alleinsein ermöglicht und die Einsamkeit fruchtbar macht für viele. Daher ist für mich klar, dass die Priesterkandidaten selbst die entscheidenden Schritte zur Reifung gehen im Rahmen des liturgischen Lebens, in ihrem persönlichen Gebet, aber auch in der Ehrlichkeit mit sich selbst und in den Gesprächen der geistlichen Begleitung.

3. Das Aufeinander-Verwiesensein von Theologie und Spiritualität

Die Priesterseminarien in der Schweiz und das Theologenkonvikt Salesianum vermitteln die theologische Ausbildung nicht intern. Die Studierenden besuchen die theologischen Fakultäten und Hochschulen in Freiburg, Luzern, Chur, Lugano und Einsiedeln. Die Fakultäten von Freiburg und Luzern sind in staatlicher Trägerschaft. Die Rahmenordnung stellt an die theologisch-akademische Ausbildung folgende Anforderung: „Das Ziel der *wissenschaftlichen* Ausbildung ist, die Studenten zu befähigen, sich eine umfassende, begründete und unserer Zeit gemässe Theologie anzueignen, um aus diesen theologischen Erkenntnissen ihren persönlichen Glauben zu reflektieren, zu vertiefen und zu leben. So werden sie durch ihr Leben und ihr Wort die Botschaft der Offenbarung in einer Weise zu verkünden und zu feiern verstehen, die den persönlichen, sozialen und kulturellen Gegebenheiten entspricht" (RO Nr. 49).

Aus dieser Formulierung spricht die Überzeugung der gegenseitigen Verwiesenheit von Theologie und Spiritualität. Es wird von den Lehrstätten eine Theologie erwartet, die mit den gesellschaftlichen Fragen vertraut ist und zugleich die christliche Botschaft in ihrem Antwortpotential auf die existenziellen Fragen der einzelnen und der Gesellschaft darzustellen vermag.

Diese Vermittlungsaufgabe zwischen wissenschaftlicher Theologie und Glaubenserfahrung ist in gleicher Weise eine Aufgabe der Lehrenden wie der Lernenden.

Die Vermittlung zweier wesentlicher Funktionen des christlichen Glaubens kann durch das Selbstverständnis der Theologie und durch die Art und Weise, wie sie gelehrt wird, erleichtert oder erschwert werden. Es ist eine Tatsache, dass viele Studierende diese Vermittlung von Lehre, Glauben und Leben im universitären Betrieb vermissen und die Lebensrelevanz der Theologie kaum wahrnehmen. Hier sind sie auf die Lehrenden angewiesen, die ihnen helfen, Brücken zu schlagen von der akademischen Theologie zum Leben, damit – bildlich gesprochen – der theologische Knochen nicht ohne Fleisch bleibt.

Die Aufgabe der Studierenden ist es, jenen gläubigen Blick auf die Welt zu gewinnen, der vor den Erkenntnissen der Theologie bestehen kann. Diese persönliche Synthese von Glauben und Denken zu finden setzt authentisches Suchen nach Gott im eigenen Leben und intensives Studium gleichermassen voraus. Dieser anforderungsreiche Weg kann zu einer selbständigen, im gesellschaftlichen Pluralismus hilfreichen theologischen Meinung befähigen, die auch in der Verkündigung die Relevanz des christlichen Glaubens hervorzuheben vermag.

Mich fasziniert das Beispiel grosser Theologen, die aus ihrer theologischen Aufgabe immer auch als von Gott Betroffene hervorgehen. Sie haben nicht nur Gott zum Gegenstand ihres Denkens gemacht, sondern gründen selber in der konkreten Glaubenserfahrung. Das theologische Denken erweist sich daher selbst als *spiritueller Akt*, indem es sich zum Geheimnis Gottes vortastet und „herandenkt".

Ich bin mir bewusst, dass umgekehrt auch die geistliche Ausbildung selbstkritisch prüfen muss, ob das geistliche Leben die theologische Verantwortung wahrt. Geistliche Ausbildung wäre defizitär, Fleisch ohne Knochen, wenn sie dem Inhalt des Glaubens zu wenig Rechnung trüge. Psychologische, poetische und geistliche Texte würden zu Worthülsen, wenn sie nicht für die Dynamik des forschenden Geistes offen blieben und sich der Anstrengung der Vernunft entzögen. Spiritualität, welche auf das Leben bezogen ist und die gläubige Sicht der Wirklichkeit in all ihren Facetten meint, muss das *Nachdenken* über die Welt einbeziehen, freilich ein Nachdenken, das im wörtlichen Sinne nachbuchstabiert und entziffert, was eine Vernunft, die die menschliche überragt, im Voraus gedacht hat.

4. Die liturgische Ausbildung

Einen Bereich der geistlichen Ausbildung möchte ich eigens herausheben. Es ist die Hinführung zum liturgischen Feiern, dem Vollzug des gemeinsamen Glaubens im Gottesdienst. Wir sind uns in der Studienbegleitung bewusst, dass diese Hinführung nicht nur durch Wissensvermittlung geschieht, sondern vor allem auch durch regelmässiges Teilnehmen und Einüben. Dies insbesondere, weil viele Studierende keinen selbstverständlichen Zugang zu den verschiedenen Gottesdienstformen wie Eucharistie, Tagzeitenliturgie, Wortgottesdienst, eucharistische Anbetung, Meditation, usw. mitbringen. Gleichzeitig nehmen wir bei den Studierenden wahr, dass viele von ihnen der Liturgie eine grosse Bedeutung zumessen und darin Heimat finden. Zu dieser Beheimatung ist uns die Sorgfalt der Vorbereitung und der Feier selber ein zentrales Anliegen. Die *liturgische* Ausbildung ist deshalb ein Kerngebiet unserer geistlichen Ausbildung. Wir verstehen sie als Einführung in die „Ars celebrandi", in die *Kunst des Feierns.*

Es freut mich sehr, dass unsere Studierenden betonen, dass die Eucharistiefeier am Mittwochabend zu den wichtigen Ereignissen einer Studienwoche gehört. Sie unterstreichen, dass sie diese Stunde als Ort der Sammlung, als Quelle für den Glauben und als Ermutigung für die eigene Lebensgestaltung mit der Botschaft Jesu erfahren. Es freut mich auch, dass Studierende die Verkündigung des Evangeliums und seine Auslegung als Anstoss zur Klärung der Berufungsfrage erfahren. Es bestätigt sich, dass Gottes Wort eine ordnende und klärende Kraft hat, wo es gehört wird und zur Geltung kommt.

Worauf wir ebenfalls besonderen Wert legen, ist die Pflege des Stundengebetes, besonders der Laudes als gemeinsamen Tagesbeginn. Einfache, täglich wiederkehrende mehrstimmige Gesänge zu Hymnus, Canticum und Benedictus lassen im Wohlklang eine tragende Gebetsatmosphäre entstehen. Die rege Beteiligung an der Laudes zeigt, dass viele Studierende treu und mit Freude zu dieser Gebetszeit kommen.

Mir ist in den vergangenen Jahren deutlich geworden, dass einige Voraussetzungen erfüllt sein müssen, damit gemeinsames liturgisches Feiern gelingen kann. Diese Voraussetzungen helfen vor allem, eine Atmosphäre zu schaffen, in der sich die einzelnen frei und zugleich geschützt erfahren. Zu diesen Voraussetzungen gehören ein einladender liturgischer Raum, eine geklärte Verbindlichkeit der Teilnahme, Stille und Einkehr, Formen der Mitgestaltung, Respekt für liturgische Vorgaben und doch Freiheit im Umgang mit ihnen. Es ist eine erbauliche Erfahrung, dass dort, wo Gastfreundschaft und authentische Gestaltung den Gottesdienst prägen, sich junge Erwachsene dankbar aufhalten. Die Einübung in liturgische Dienste wie Ministrieren, Sakristei- und Lektorendienst und Gottesdienstgestaltung werden gefördert und begleitet. Wer sich investiert, bekommt eine Rückmeldung und wird ermutigt zu weiteren Schritten des Übens.

5. Ausrichtung auf die pastorale Wirklichkeit

Die pastoral-praktische Ausbildung als vierte Säule der Hinführung zum kirchlichen Dienst liegt nicht unmittelbar in unserem Aufgabenbereich. Die fünfwöchigen Praktika in Pfarrei, Katechese und Diakonie werden von den Diözesen organisiert. Die unmittelbare Einführung in den pastoralen Dienst geschieht in den diözesanen Berufseinführungen bzw. Pastoralkursen. Die Homiletik bietet die Fakultät an. Natürlich tragen wir auf indirekte, aber bedeutsame Weise zur pastoralen Ausbildung bei, denn die ganze Ausbildung soll ja laut Rahmenordnungen von „pastoralem Geist durchdrungen sein" (RO Nr. 54). Die Tatsache, dass das eigene Menschsein und der gelebte Glaube die wichtigsten Instrumente eines Seelsorgers, einer Seelsorgerin sind, bedeutet, dass wir an den Fundamenten mitbauen, die dann in der Pastoral tragen sollen. Ein wichtiges Anliegen ist auch, dass wir durch Gäste aus der Seelsorge und durch Exkursionen, besonders aber auch durch Mitgestaltung und Begleitung des fünfwöchigen Pfarreipraktikums dazu beitragen, dass die Realität des kirchlichen Lebens, wie es sich in unseren

Bistümern zeigt, von den Studierenden erfahren und für das Studium in Blick genommen wird. Das universitäre Studium trägt durch die intellektuelle Horizonterweiterung nicht automatisch zur Ausweitung der Erfahrung kirchlicher Realität bei. Es ist zu beobachten, dass gerade das Pfarreipraktikum, das einen Einblick in die Seelsorge gewährt und das Mitleben in einem Pfarrhaus beinhaltet, einen Beitrag zur Berufungsklärung leistet. Im konkreten Alltag einer Pfarrei und einer Person in der Seelsorge wird die Frage lebendig, ob sich ein Student oder eine Studentin auf diese Perspektive einlassen will, wo die persönlichen Begabungen liegen und wo noch Entwicklung nötig ist.

III Fakten und Erfahrungen aus der geistlichen Ausbildung

1. Die Eigenart des interdiözesanen Konvikts

Das Salesianum ist ein Haus „sui generis", einmalig in der schweizerischen Kirchenlandschaft. Bewohnt und belebt von einer bunten, fast 100-köpfigen Hausgemeinschaft, die vorwiegend aus jungen Universitätsstudierenden besteht, kommt dem Besucher hier ein Abbild heutiger gesellschaftlicher und kirchlicher Vielfalt entgegen. Der Spannungsbogen aller unter einem Dach versammelten Sprachgruppen, kulturellen Prägungen und Interessen ist gross. Sowohl die im modernen Lebensstil zentrale Selbstentfaltung als auch die für ein gutes Zusammenleben notwendige Rücksichtnahme und Toleranz sind im Salesianum ausgeprägt.

Dieser Spannungsbogen bildet sich auch innerhalb der Theologiestudierenden im Haus ab. Es wohnen hier Theologiestudierende der verschiedenen Schweizer Diözesen, Priesterkandidaten und Laientheologen, Männer und Frauen, Studierende aller universitären Studienrichtungen aus allen Landesteilen und -sprachen, Gäste aus anderen Ländern und Kontinenten sowie Angehörige anderer christlicher Konfessionen und anderer Religionen. Gastfreundschaft, ökumenische Offenheit und hilfsbereiter Umgang sind Bewährungsfelder dieses kirchlichen Hauses und seiner – buchstäblichen – Katholizität. Die Mahlzeiten und Gottesdienste, die Hausfeste und Informationsabende, die Sommerserenade, die Aufenthaltsräume, das Bistro, der Spielsalon und das Volleyballfeld sind Orte der Begegnung. Manch eine Freundschaft hat hier ihren

Anfang genommen und blieb als Frucht der gemeinsamen Studienzeit erhalten.

Diese historisch gewachsene und bewährte Vielgestaltigkeit des Konvikts bildet gewissermassen die Grundlage, den Humus, aus dem die primäre Aufgabe, nämlich die menschliche und geistliche Formung künftiger Priester, Pastoralassistentinnen und Pastoralassistenten hervorgeht. Das eigentliche Seminarleben und die Arbeit der Studienbegleitung sind zwar primäre, aber doch ins Gesamtleben des Hauses integrierte Bestrebungen. Neben den gemeinsamen Mahlzeiten mit allen Hausbewohnern bilden besondere Orte und Zeiten den Schlüssel zur spezifischen Ausbildung: Die grosse und die kleine Kapelle, die Theologenbibliothek, der Aufenthaltsraum der Theologiestudierenden, die Theologenabende, der Spiritualskreis für die Priesterkandidaten, die Besinnungstage, Exerzitien im Alltag, die geistliche Begleitung und die Begegnung mit Gästen aus dem kirchlichen Leben. Mir scheint darin eine Balance zwischen den theologenspezifischen und den anderen Kontakten zu liegen. Es ist für jeden Theologen gut, seine im Studium und geistlichen Leben erworbenen Überzeugungen und Haltungen auf das „Forum der Vernunft" zu tragen und sich bei Tisch ins Gespräch mit angehenden Juristen, Ärzten und Heilpädagoginnen einzubringen. Der Erkenntniszuwachs kann schliesslich gegenseitig sein: Studierende der Mathematik und der Wirtschaftswissenschaften etwa werden Neues über Theologie und Kirche erfahren und mit den Fragen angehender kirchlicher MitarbeiterInnen konfrontiert.

2. Das Miteinander der Berufungswege

Ich habe eingangs die Frage aufgeworfen, ob eine spezifische Priesterausbildung zu kurz kommt, bzw. ob und wie die Priesterausbildung intensiviert werde müsste.

Im regelmässigen Austausch mit den Regenten aus Deutschland und Österreich, aber auch aus anderen Ländern, erfahre ich, dass wir mit unserem „integrierten Modell" der Theologenausbildung auf einem Sonderweg sind. Ich finde es wichtig hervorzuheben, dass die heutige Wohn- und Ausbildungssituation im Salesianum aus einer langsamen und von den Bischöfen als Eigentümern des Hauses begleiteten Entwicklung herausgewachsen ist. Es waren nicht ideologische Gründe, die zu diesem bunten Miteinander geführt haben, sondern eine sich in Wachstumsringen vollziehende

Entscheidungsgeschichte, die dem Stiftungszweck des Hauses entsprechen wollte. Nicht zuletzt waren und sind es immer wieder auch ökonomische Gründe, die dazu führten, dass der Stiftungsrat pragmatische Entscheidungen getroffen hat, um das Haus unter veränderten Bedingungen in die Zukunft führen zu können. Das Haus verfügt ja über keine diözesanen Zuschüsse, sondern muss sich über die Pensionsbeiträge der Studierenden selber finanzieren. So wurde Ende der 90er Jahre aufgrund der finanziellen Lage und der Unterbelegung des Hauses entschieden, dass fortan eine Etage für Frauen geöffnet wird. Das Miteinander von Priesterkandidaten und Laientheologen hat sich bereits in den 70er Jahren entwickelt im Zusammenhang mit der steigenden Zahl der Laientheologen an der Fakultät.

Die gemeinsame Ausbildung von Priesterkandidaten und LaientheologInnen unter einem Dach wird mit Interesse beobachtet. Gerade in Deutschland gibt es Orte, wo man sich mehr Gemeinsamkeit wünschen würde. Umgekehrt stellt sich die Frage, wie es unter diesen Umständen möglich ist, den Priesterkandidaten den nötigen Freiraum für ihren spezifischen Weg zu lassen. Mir ist es ein Anliegen, hier am Puls zu sein, das konkrete Leben unter den Studierenden zu begleiten und wenn nötig die angezeigten Kurskorrekturen vorzunehmen.

Zunächst gilt es festzuhalten: unsere Erfahrungen zeigen, dass das Miteinander in der geistlichen Ausbildung möglich ist. Die Erfahrung zeigt, dass es viele gemeinsame Themen gibt, die uns als Menschen und Christen betreffen und die persönliches Wachsen und Reifen ermöglichen. Themen wie Berufung, Gebet, Umgang mit der Heiligen Schrift, Leben aus den Sakramenten usw. bieten Anhaltspunkte, um sich über eigene Glaubenserfahrungen auszutauschen. Das ist unabhängig vom spezifischen Berufungsweg wertvoll und bereichernd. Vorausgesetzt und entscheidend ist dabei der *Respekt* für die Erfahrungen der anderen. Gerade um diesen Respekt einzuhalten und für die spätere Tätigkeit in der Seelsorge einzuüben, scheint mir das Gefäss der *Theologengruppe* wichtig zu sein. Wenn es zum Beispiel gelingt, dass eine Studentin auf ihrem Weg zur Pastoralassistentin von einem Priesterkandidaten ernst genommen wird und umgekehrt sich auch der Priesterkandidat in seiner Berufsklärung zum Priesteramt respektiert weiss, dann haben beide etwas gewonnen. Diese Atmosphäre dürfen wir im Grossen und Ganzen erleben. Selbstverständlich ist das eine Gratwanderung, denn es gibt umgekehrt auch viele Fragen theologischer und kirchenpolitischer Natur, die zu Spannungen führen können. Mir scheint es die Aufgabe der Studienbegleitung zu sein, solchen Spannungen Raum zu geben und Räume zu schaffen, wo die wunden Punkte zur Sprache gebracht werden können. Auf diese Weise kann Misstrauen abgebaut und können Vorbehalte korrigiert werden. Wir sind dankbar, dass wir in diese Richtung bereits hilfreiche Angebote machen konnten. Aber es braucht noch mehr und intensiveren Austausch.

Die Priesterkandidaten haben über die Theologengruppe hinaus in der *Priesterkandidatenrunde* einen Ort, wo sie sich mit dem Spiritual Josef Kuster oder mit mir regelmässig über ihre Themen und ihre Berufung austauschen. Es wurde im vergangenen Jahr deutlich spürbar, dass dies einem echten Bedürfnis entspricht. Es braucht heute zweifellos Mut, sich für den Weg zum Priestertum zu entscheiden, und so ist es verständlich, dass die Priesterkandidaten in ihrer Entscheidung auch anerkannt sein möchten. Das kommt vor allem im Bedürfnis zum Ausdruck, als Gruppe wahrgenommen zu werden, Raum für das Eigene zu finden und zusätzliche Zeiten des Gebetes zu pflegen. Die dahinter liegende Suche nach Klärung und Sicherheit erlebe ich als echt und unterstützenswert. Ein Hinweis darauf ist die Erfahrung, dass die Gruppe der Priesterkandidaten sich auch in der Freizeit zum Austausch, zum Kochen, zum Spielen, usw. trifft. Seit einem Jahr engagieren sie sich in der Kathedrale als Ministranten in der deutschsprachigen Sonntagsmesse um 09.00 Uhr, die von Dozenten der Theologischen Fakultät zelebriert wird.

Tatsache ist aber auch, dass einzelne Priesterkandidaten eine höhere Intensität und klarere Formen der spezifischen Ausbildung suchen und sie in einem Auslandjahr, im Collegium Germanicum oder in einer religiösen Gemeinschaft finden. Die spürbare Suche nach priesterlicher Gemeinschaft ist ein echtes und fördernswertes Anliegen. Wenn sie zu freundschaftlichen Zusammenschlüssen und Interessengemeinschaften schon während des Studiums führt, ist damit für die Zukunft ein wichtiges Fundament gelegt. Insofern ist die Suche nach Gemeinschaft unter Gleichgesinnten über den offiziellen Ausbildungsrahmen hinaus immer auch ein notwendiger persönlicher Beitrag.

53

Eine Erfahrung im Umgang mit angehenden Pastoralassistent-Innen ist, dass sich viele während des Studiums nicht auf einen späteren kirchlichen Dienst festlegen wollen, ein Engagement aber nicht ausschliessen und darum die studienbegleitenden Anforderungen erfüllen. Tatsächlich sind die Chancen, eine Anstellung in einer deutschschweizerischen Pfarrei zu finden, nach wie vor gross. Weitere berufliche Optionen sind die Tätigkeit als ReligionslehrerIn, eine Arbeit bei einem Hilfswerk, im religiösen Journalismus oder in der Wissenschaft. Mir fällt auf, dass die meisten Studierenden in irgendeiner Weise positive Erfahrungen mit einer Pfarrei, einer Gemeinschaft oder einer Person des kirchlichen Lebens gemacht haben, auch wenn sie zum Teil nicht besonders verwurzelt sind im kirchlichen Leben. Eine grundsätzlich positive Haltung zur Kirche zeichnet sie aus, gleichzeitig aber auch ein gewisser Sicherheitsabstand gegenüber der „offiziellen Kirche" und ihren Positionen. Diese Ambivalenz ist verständlich im Hinblick auf die offene Frage der Zulassungsbedingung von Verheirateten zum Priesteramt und von Frauen zu den kirchlichen Ämtern. Andererseits ist es trotz dieser Spannungselemente doch wichtig, aus Freude an der Kirche ein überzeugtes Ja zur Arbeit in ihr sprechen

zu können, um fruchtbar in der Seelsorge tätig zu werden. Wenn es uns gelingt, dafür einen guten Boden zu bereiten, haben wir eine wichtige Aufgabe erfüllt.

3. Die Zahlen der Priesterausbildung

Die meistgestellte Frage hinsichtlich der Begleitung von Theologiestudierenden ist jene, ob und wie viele Priesterkandidaten sich darunter befinden. Es ist verständlich, dass die Anzahl der Kandidaten von Interesse ist. Die Volkskirche hatte und hat – dort wo sie in Restbeständen noch anzutreffen ist – dem Priester die zentrale Rolle für das Leben der Pfarrei zugedacht. Sosehr es nach katholischem Verständnis richtig ist, dass die Kirche ohne den priesterlichen Dienst nicht auskommt, so wahr ist es auch, dass der Priester heute viel stärker in der Ergänzung zu den vielen Charismen zu sehen ist, die der Geist in der Gemeinschaft hervorruft.

Zentraler für die Ausbildung empfinde ich die Frage, mit welchen Menschen wir es zu tun haben, die sich prüfen, ob Gott sie in den priesterlichen Dienst ruft und mit welchen Mitteln wir sie befähigen, im gesellschaftlichen und kirchlichen Wandel eine erfüllte priesterliche Existenz im Dienste an der Glaubensgemeinschaft leben zu können. Dennoch zunächst ein Blick auf die Zahlen.

Im Jahr 2006 werden in der Schweiz 64 Priesterkandidaten in 6 verschiedenen Seminaren ausgebildet (St. Luzi in Chur, St. Beat in Luzern, Séminaire de Sion in Givisiez, Grand Séminaire in Villars-sur-Glâne, Salesianum in Freiburg, Séminario diocesano in Lugano).

Diese Zählung rechnet alle Priesterkandidaten in den Jahren des Theologiestudiums und jene, die im Pastoraljahr bzw. in der Berufseinführung sind. Nicht gerechnet sind die Absolventen des Einführungsjahres bzw. des Année de discernement, die also in einem dem Studium vorgeschobenen oder dazwischengelegten Jahr ihre Berufung prüfen wollen.

	Priesterkandidaten				LaientheologInnen			
	2002	2003	2005	2006	2002	2003	2006	
Basel	19	18	15	17	74	105	85	55
Chur	25	20	18	22	44	39	45	
Fribourg	14	10	10	10	4	4	0	
Lugano	5	6	11	10	0	0	0	
Sion	9	6	4	5	10	114	13	
St. Gallen	5	4	6	6	20	29	25	
Total	77	64	64	70	152	191	168	

Die Zahlen der Kandidaten sind auf geringem Niveau relativ stabil. Pro Jahr werden im Durchschnitt ca. 6 Priester für alle 6 Diözesen geweiht. Das bedeutet eine Priesterweihe pro Jahr auf durchschnittlich 500'000 Katholiken bei 2,9 Mio. Katholiken in der Schweiz. Vergleichsweise waren im Jahr 1991 mit 150 Seminaristen noch mehr als doppelt so viele Priesterkandidaten in Ausbildung. Das Verhältnis der Zahlen zwischen den in Ausbildung stehenden Priesterkandidaten und LaientheologInnen weist im Durchschnitt ungefähr ein Verhältnis von 1:3 auf. Im Bistum Basel und St. Gallen liegt der Durchschnitt bei ungefähr 1:5.

4. Das Profil der Priesterkandidaten

Das Persönlichkeitsprofil heutiger Seminaristen und künftiger Priester im deutschen Sprachraum haben verschiedene Pastoralpsychologen untersucht, so etwa Isidor Baumgartner aus Passau (Vgl. I. Baumgartner: Hoffnungsträger und Exoten. Priesterkandidaten heute, in: Peter Klasvogt (Hg.), Leidenschaft für Gott und sein Volk. Priester für das 21. Jahrhundert, Paderborn 2003, 107-127). Er zeigt bei den Seminaristen zwei Tendenzen auf: Die Kandidaten bringen erstens eine intensive Religiosität mit, eine echte Suche nach der Begegnung mit Gott. Sie verspüren die Faszination für Gott und haben Sinn für die Liturgie, für das Heilige. Auf diesem Grund kann mit Hilfe geistlicher Ausbildung und Begleitung eine spirituelle Kompetenz heranwachsen. Diese ist entscheidend für die Aufgabe der Seelsorge, Menschen auf ihrem Lebens- und Glaubensweg zu begleiten und daran zu erinnern, dass Gottes Möglichkeiten über das Menschenmögliche hinausreichen.

Ich habe die Erfahrung gemacht, dass jeder Priesterkandidat eine ganz persönliche und originelle Berufungsgeschichte zu erzählen weiss. Als wir zu Beginn des Jahres einander diese Geschichten erzählten, kam eine sehr spannende und intensive Runde zustande. Ich habe bemerkt, dass es für diese jungen Männer kaum Gelegenheit gibt, offen davon zu erzählen. Mir fällt auf, dass die Berufungsgeschichten mit Klöstern und Wallfahrsorten, mit glaubwürdigen Menschen und eindringlichen Erlebnissen verbunden sind. Das Eintauchen in eine religiöse Atmosphäre und die Erfahrung, im Glauben nicht allein zu sein, sind dabei die wesentlichen Elemente.

Baumgartner hält in seiner Studie zweitens fest, dass die zukünftigen Priester im Durchschnitt keine ausgeprägte Entscheidungsfreudigkeit mitbringen, sondern sich gerne an die Entscheidung anderer anlehnen. Er schliesst daraus, dass sie mehrheitlich ihre Stärke nicht für die Leitungsaufgaben von grossen pastoralen Räumen haben werden. Sie eignen sich besser für die Seelsorge in überschaubaren Strukturen. Ich beobachte tatsächlich, dass grosse Seelsorgeteams, aufwändige Administration und komplexe Seelsorgegebilde nicht nur Freude hervorrufen, sondern Ängste auslösen und Studierende verunsichern. Nicht wenige schrecken vor der weit reichenden Entscheidung zur Weihe zurück, weil

Die Hauskapelle bietet nach der Renovation von 2004 wieder eine einladende und bethafte Atmosphäre

Die Haus-
gemeinschaft
im Gottesdienst.
Von links nach
rechts: Bischof
Amédée Grab,
Spiritual Josef
Kuster, Regens
Thomas Ruckstuhl

58

Bischof Amédée
Grab predigt am
Sommerfest 2006

Feierliche
Gottesdienste
gehören zu allen
Hausfesten

Die Romands bilden
einen kleinen Chor

Ein Blick vom
Guinzet über das
Grundstück hinweg
auf das Salesianum

Der Glockenstuhl
mit der Hausglocke
auf dem Anbau von
1932

Detail der
Fassadengestaltung

Die Architektur von Broillet und Wulffleff hat auf das Haus einen modernisierten Freiburger Chaletstil übertragen

Details der aufwändigen Dach- und Fassaden- konstruktion

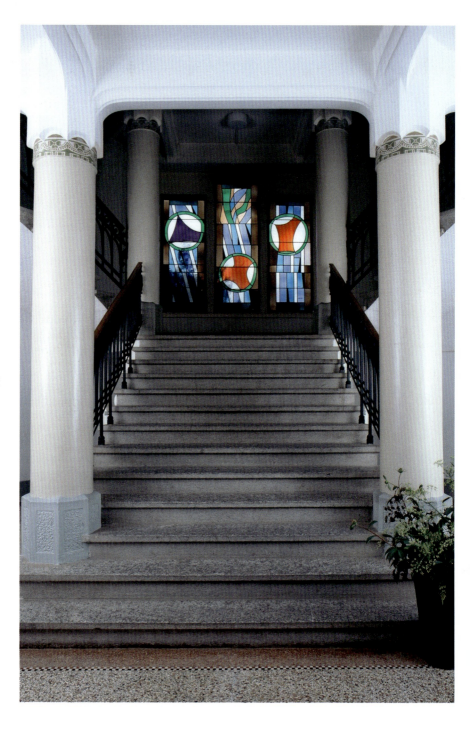

Bild links:
Eingangshalle mit
Treppenaufgang.
Das 1969 von
Ferdinand Gehr
geschaffene
Glasfenster
symbolisiert
die göttliche
Dreifaltigkeit

Der lichte
Speisesaal, der für
alle Mahlzeiten dient

63

Fondue schmeckt
am Besten, wenn
man das Brot vorher
tränkt

Das Zimmer einer
Studentin mit
schöner Aussicht

Theologie-
studierende am
runden Tisch

heute das Gebilde „Pfarrei" eine zu vage Grösse darstellt, um sich ganz darauf einzulassen. Die Überlegung liegt nahe: wenn schon Priester werden, dann doch lieber in einem Orden.

Folglich stellt sich die Frage, ob die zurzeit entstehenden Pastoralräume, die von den leitenden Priestern hohe organisatorische und soziale Kompetenz verlangen, nicht am konkreten Nachwuchs vorbei geplant sind. Mit Sicherheit müssen die Verantwortlichen der Personalämter damit rechnen, dass künftig nicht jeder Priester die Fähigkeit und Bereitschaft mitbringt, in solche Leitungsaufgaben einzusteigen. Jene aber, die sie mitbringen, müssen ausgewählt und gefördert werden.

IV Anliegen für eine zukunftsorientierte Ausbildung

1. Mut zum Profil der verschiedenen Ausbildungswege

Der Blick auf die Studienbegleitung im Salesianum lässt mich sagen, dass hier ein origineller Ausbildungsort zum kirchlichen Dienst entstanden ist, der den Rahmenordnungen der Bischöfe entspricht und sich an den heutigen universitären, gesellschaftlichen und pastoralen Voraussetzungen orientiert. Selbstverantwortung und Verbindlichkeit stehen in einem ausgewogenen Verhältnis. Weder Überbetreuung noch Beliebigkeit sind vorherrschend. Angehende PastoralassistentInnen und Priester, Männer und Frauen sind gemeinsam auf dem Weg. Sie wohnen zusammen mit Studierenden anderer Bereiche und mit Christen anderer Konfessionen, besonders aus den orthodoxen Kirchen.

Noch stärker zu fördern wird meines Erachtens in Zukunft die je eigene Identität der Berufsgruppen von Priesterkandidaten und angehenden PastoralassistentInnen sein. Nicht nur das Gemeinsame braucht Raum, sondern auch das je Eigene und ein berechtigtes Unter-sich-sein soll Platz haben. Es ermöglicht erst ein freies und fruchtbringendes Miteinander. Dieser Mut zum eigenen Profil ist Voraussetzung, um intensiver am Leben der anderen teilzuhaben, über heikle Punkte miteinander ins Gespräch zu kommen und dadurch Vorurteile, Projektionen, Ängste und Hemmungen im Umgang miteinander abzubauen.

2. Familiärer und von Einfachheit geprägter Geist

Wenn ich die alten Bilder aus dem Salesianum anschaue, auf denen die Regenten und Spirituale mit den Seminaristen zum Gruppenphoto aufgestellt sind, dann spricht aus den Gesichtern der Hausleitung Strenge und Überlegenheit. Die damalige Ausbildung lebte von Disziplin und Gehorsam. Die Vorgesetzten erscheinen zumindest aus heutiger Sicht als unangefochtene Autoritäten. Dass sie dabei auch väterlich-liebevollen Umgang pflegten und sich herzliche Beziehungen entwickelten, belegen die persönlichen Briefwechsel mit den Studenten, die unser Archiv aufbewahrt. Dieser uns so fremd gewordene Führungsstil braucht nicht imitiert zu werden. Er stammt aus einer anderen Zeit. Dennoch meine ich, dass wir nicht der Gefahr erliegen sollten, die Ausbildungsverantwortung nur als Funktion zu verstehen, als Verwaltung eines Personaldossiers, wo nach Art eines Buchhalters die Qualitäten, die Schwächen und unter dem Strich die Tauglichkeit abgehakt werden. Die Studierenden wollen ihre Vorgesetzten auch als Glaubende erleben und dürfen sie auch als Suchende erfahren. Gelegentlich erlebe ich mich auch im „Forum externum" stärker als Wegbegleiter, denn als Vorgesetzter. Je nach Alter und Situation dürfen die Studierenden doch ihren Regens, Spiritual oder ihre Mentorin brüderlich oder schwesterlich, väterlich oder mütterlich erfahren. Es ist wohl unser wichtigstes Führungsinstrument im Seminarleben, dass wir da sind, erreichbar sind, mitleben und wahrnehmen, gelegentlich auch mal konfrontieren und vor allem ermutigen. Diese Einfachheit und Unmittelbarkeit, in der wir den Studierenden begegnen können, hilft uns auch, ein Kirchenbild zu verbreiten, das nicht von Verwaltung und komplizierten Strukturen verstellt wird. Ich wünsche allen kirchlichen Häusern etwas von der Gastfreundschaft und Einfachheit der ersten Christen.

Darin sollen in vernünftigem Mass auch Menschen Platz haben, denen es gerade nicht gut geht und die auf besondere Hilfe angewiesen sind. Auf diese Weise können wir diakonisch wirksam sein, selbst wenn das in der speziellen Situation der Ausbildung nicht so möglich ist, wie es vielleicht der Not der Menschen in unserer Gesellschaft entsprechen müsste. Aber das Zeichen der Solidarität kann und will dennoch gesetzt sein.

3. Die Rolle der Gruppe als Glaubensgemeinschaft

Im Zusammenhang mit einer profilierten Ausbildung steht auch die Förderung der kleinen Gemeinschaften im Haus. Es ist aufgrund der Tatsache, dass sich heute sehr verschiedene Verbindlichkeiten und Ausbildungswege profiliert haben, nicht einfach, überhaupt Gruppenbildung zu fördern. Dazu kommt, dass in den klassischen Priesterseminaren die Zahlen derart gesunken sind, dass sich kaum noch Gruppen bilden lassen, sondern die ganze Hausgemeinschaft nicht mehr als eine Gruppe ist, freilich eine, die dann immer unter der Aufsicht ihrer Vorgesetzten steht.

Es ist etwas Wahres dran und verwundert nicht, dass in einer Individualisierungsgesellschaft irgendwie jeder und jede ein Sonderfall ist. Das meine ich zunächst durchaus positiv. Jede und jeder muss seine eigene Berufsklärung vornehmen um zu schauen, wo Gott sie oder ihn haben will. Natürlich ist es auch wahr, dass wir nicht Kirche, das heisst Glaubensgemeinschaft, sein können, ohne den Geist der Communio, der Anteilnahme und Anteilgabe. Kirchesein meint gerade diese Zumutung der geistlichen Weggemeinschaft, die auch die Mühe der Auseinandersetzung mit den eigenen und den Grenzen der anderen abverlangt. Wenn Kirche in der Jugendkultur Gefahr läuft, nur noch zum Erlebniskult zu werden, muss hier die Ausbildung Wege aufzeigen, die zu einer echten Kirchlichkeit hinführen. Gemeint ist nicht jene Abschottung, die zu einer regressiven Entwicklung führt, sondern eine Atmosphäre, die die Studierenden in ihrer Selbständigkeit und in ihrem Freiheitsbedürfnis ernst nimmt. Die Freiheit soll aber auch nicht so sein, dass die Auseinandersetzung und das Wachstum aneinander wegfallen. Die Wohnräume innerhalb des Hauses, die Gebetszeiten, der Austausch, die gemeinsame Freizeit, das soziale Engagement, die Besinnungstage und die Exerzitien bilden sozusagen den *sozialen Humus*, aus dem heraus die Berufung wachsen und erstarken kann.

4. Der Kontakt zur lebendigen Kirche

Studierende verstricken sich gelegentlich in Diskussionen, die weitab von der pastoralen Wirklichkeit liegen. Das ist natürlich und gehört zum akademischen Betrieb, der auch nicht von Blindheit verschont bleibt. Dennoch scheint mir wichtig, und zwar im Hinblick auf den langen Atem, dessen das Studium und die Vorbereitung auf einen kirchlichen Dienst bedürfen, dass ein Bezug zur Vitalität der Kirche immer wieder erlebt werden kann. Das Eintauchen in die gesunde, lebendige religiöse Atmosphäre einer Familie, eines Wallfahrtsortes, einer Jugendgruppe oder einer lebendigen Pfarrei sind Grundnahrung für den Weg, der im Theologiestudium beschritten wird. Die Praktika und der erste pastorale Einsatz nach Studienabschluss sollen zu guten Erfahrungen führen können, die den Mut fördern, sich zu investieren. Manchmal erschrecke ich darüber, wie verzerrt Studierende die kirchliche Realität wahrnehmen und nicht für möglich halten, dass es auch frohes und gelungenes Pfarreileben gibt und Zusammenarbeit, die nicht nur von Problemen belastet ist. Ich möchte damit nicht beschönigen, was es an Konflikten gibt, aber trotz der Konflikte darf nicht vergessen gehen, dass es auch gesunde und lebendige kirchliche Gemeinschaften gibt. An solche heranzuführen, scheint mir ein nicht zu vernachlässigender Beitrag für eine gute Orientierung im Studium zu sein. Eigene Erfahrungen müssen unbedingt der „veröffentlichten" Meinung über die Kirche vorausgehen und sie erden, damit nicht eine mediale Schattenkirche die Realität überdeckt.

5. Ausbildung und Öffentlichkeit

Über die Inhalte der Ausbildung zum kirchlichen Dienst und das Leben im Seminar oder Konvikt herrscht viel Unwissen, um nicht zu sagen Ahnungslosigkeit. Gerade auch in kirchlichen Kreisen, sogar unter Seelsorgenden, ist kein adäquates Bild des Seminarlebens und der Mentalität der heutigen Studierenden anzutreffen. Viele sind bei der Erinnerung an die eigene Studienzeit stehen geblieben. Daher braucht es die Initiative der Ausbildungsstätten, diesen Einblick zu ermöglichen. In den vergangenen beiden Jahren der Berufungen haben alle Priesterseminarien Tage der offenen Türe veranstaltet.

Auch die Begegnung zwischen Seelsorgern und Theologiestudierenden bieten Gelegenheit, Zukunft und Vergangenheit, Idealismus und Ernüchterungen zu konfrontieren. So erlebte ich es im Salesianum anlässlich der Begegnung von Priestern des Rickenbacher Kreises mit zwei Seminaristen, die ihre Fragen und Zweifel hinsichtlich der priesterlichen Identität aussprachen und die anwesenden Priester aus der Reserve holten.

Interesse kommt uns von nichtkirchlichen Medien entgegen. Es war der Redaktor eines Zürcher Magazins, der sich vor einiger Zeit bei uns umgesehen und schliesslich einen Artikel mit dem Titel „Leise Rebellen" publiziert hat. Die kirchliche Öffentlichkeit zeigt weniger Interesse an einem lebensnahen und direkten Einblick in die geistliche Ausbildung. Darin läge ein Potential, unter Gläubigen vermehrt über die Frage des kirchlichen Dienstes nachzudenken.

6. Lebensfähige Kommunitäten und Ausbildungsstätten

Die Zusammenarbeit oder vielleicht sogar die Zusammenlegung von kirchlichen Ausbildungsstätten ist ein heikles, aber doch im Raum stehendes und aktuelles Thema. Die Gründe liegen nicht nur im personellen Bereich, also im Schrumpfen der Hausgemeinschaften und somit der Infragestellung des Seminarprinzips, sondern immer drängender auch im finanziellen Bereich. Die Finanzkraft der Diözesen ist strapaziert, und die Seminarkosten produzieren jährliche Defizite, die nicht mehr verantwortbar sind. Im Unterschied zu den Seminarien der Deutschschweiz, die durch ihre Verbindung mit den Fakultäten in Chur und Luzern an Standorte gebunden sind, haben die drei diözesanen Priesterausbildungsstätten in Freiburg (Séminaire de Sion, Grand Séminaire LGF, Konvikt Salesianum) die Chance, an einem einzigen Standort vereint zu sein. Seit vier Jahren beschäftigt sich eine von den zuständigen Bischöfen beauftragte Kommission mit der Frage eines gemeinsamen Hauses für die Priesterausbildung. Dass bis heute trotz intensiver Arbeit und konkreter Vorschläge dieser Kommission noch kein Entscheid der Bischöfe vorliegt, weist darauf hin, dass strukturelle Entscheidungen über ein Priesterseminar mit konkreten Interessen und mit Emotionen verbunden sind. Diözesane Symbole leben eben länger als die Realität, die sich in ihnen spiegelt.

7. Berufungspastoral als Ausdruck missionarischen Geistes

Der missionarische Auftrag erwacht heute wieder im Bewusstsein der Kirche. Was heisst es, den Glauben in unserer postmodernen Gesellschaft zu bezeugen, und wie können wir schrittweise zu einer missionarischen Grundhaltung finden? Diese Frage konkretisiert sich im Rahmen der Ausbildung in der Berufungspastoral. In der Diskussion um die Art und Weise, wie die Jahre der Berufung der Schweizer Kirche gestaltet werden sollten, ist die Verlegenheit anschaulich geworden. Die Darstellung von Glaubensinhalten und Berufsmöglichkeiten in der Öffentlichkeit sind ungewohnt. Die Werbung um kirchliche Berufe wird kontrovers diskutiert.

Das Anliegen, Einblick zu geben, bzw. nach aussen zu treten, ist für den Fortbestand einer Glaubensgemeinschaft aber unerlässlich. Ich meine, dass die Anteilgabe an der Ausbildung zum kirchlichen Dienst sowohl zur Information der Öffentlichkeit, als auch für die Gewinnung von Kandidatinnen und Kandidaten unerlässliche Pflicht ist. Wir haben im vergangenen Jahr mit dem Projekt „Spurensuche" Interessierte und Suchende wochen- oder tageweise aufgenommen und erfahren, dass diese Menschen auf ihrer Suche um den richtigen Weg in die Zukunft bei uns etwas dazu gewonnen haben (www.salesianum.ch/spurensuche). Diese ermutigenden Erfahrungen werden uns dazu antreiben, solche Initiativen auch künftig auf das Tagesprogramm zu setzen. Das 100-Jahr-Jubiläum bietet dazu eine gute Gelegenheit.

Für den Weg ins zweite Jahrhundert wünsche ich dem Salesianum Kontinuität auf dem bewährten Weg der Gastfreundschaft, jene Wachheit für die Zeichen der Zeit, die die Hausverantwortlichen stets ausgezeichnet hat und vor allem eine grossherzige Wegbegleitung für die ihnen anvertrauten Studierenden.

P. Christian M. Rutishauser SJ

Geistliche Begleitung

1. Erneuerung christlicher Existenz

Die Erneuerung der Kirche ist in der Geschichte immer wieder von spirituellen Aufbrüchen ausgegangen. Einzelne Menschen haben den Ruf Christi gehört, sind oft durch einen langen Lernprozess in der Schule Gottes gegangen und wurden schliesslich zu geistlichen Persönlichkeiten, die Kirche und Gesellschaft prägten. Karl Rahner hat in den 60er Jahren vorausgesehen, dass die Kirche für die Neuausrichtung, die das Zweite Vatikanische Konzil vorsah, solche Menschen braucht, wenn er schreibt: „Der Christ der Zukunft wird ein Mystiker sein, oder er wird nicht mehr sein." Damit hat er die Notwendigkeit der persönlichen Verwurzelung in der Gottesbeziehung erkannt. Sie ist in der heutigen kirchlichen und gesellschaftlichen Umbruchssituation mehr denn je das unerlässliche Fundament, um die eigene Berufung zu finden und die Gemeinschaft der Kirche aus dem Geist des Evangeliums mitzuprägen. Ansonsten ist der Mensch den Zentrifugalkräften der gegenwärtigen offenen Gesellschaft schutzlos ausgeliefert und findet höchstens in äusseren religiösen Regelungen Halt.

Wie keine menschliche Beziehung vom Himmel fällt, sondern sich erst entwickelt, so gestaltet sich auch die Beziehung zu Gott in einer gemeinsamen Geschichte, zu der Hoch- und Krisenzeiten gehören. Die Freundschaft mit Christus wächst langsam, und die Formung durch ihn braucht seine Zeit. Freundschaft will gepflegt und stets neu genährt sein. Gefeierte Liturgie, erfahrene Gemeinschaft mit Menschen auf dem Weg des Christseins, selbstloser Dienst an Menschen in Not, geistliche Lektüre sowie Kunst und Wissenschaft sind Nahrung für spirituelles Leben und fördern die Gemeinschaft mit dem dreieinigen Gott. Der Kern für die Verwurzelung in Gott ist jedoch das persönliche Gebet: Meditation und Kontemplation. Die geistliche Begleitung ist die genuinste Hilfe für dieses Gebetsleben und für das Wachstum der geistlichen Persönlichkeit aus der Quelle der Gottesbegegnung.

Freundschaft mit Gott

Die geistliche Begleitung steht also im Dienst des Wachstums der Freundschaft zwischen Gott und Mensch. Sie besteht aus regelmässigen Gesprächen, wo der Begleitete qualifizierte Hilfe und Gefährtenschaft auf seinem Weg der spirituellen Entwicklung erhält. Die Treffen verhelfen, tiefer in die Beziehung mit Gott und Christus einzutreten, wobei die Förderung von Meditation, Kontemplation und die religiöse Erfahrung bzw. persönliche Gottesbeziehung des Begleiteten im Zentrum stehen. Das spirituelle Leben, das vom Gebet her alle Bereiche seines Alltagslebens durchdringt und mitformt, kann dabei bis in mystische Erfahrungen hinein reifen, auch wenn dies nicht immer der Fall sein muss. „Wenige Menschen ahnen, was Gott aus ihnen machen würde, wenn sie sich seiner Führung ganz überliessen", meint Ignatius von Loyola, ein Meister der spirituellen Begleitung, einmal fast wehmütig. Und Paulus formuliert: „Was kein Auge gesehen und kein Ohr gehört hat, ist das, was Gott denen bereitet, die ihn lieben." (1 Kor 2,9) Alle Methoden in Gebet und Meditation, die auf diesem Weg gelernt werden, und alle Mittel in der Gesprächsführung, die der Begleiter anwendet, dienen allein der Förderung der Freundschaft mit Gott, die in jedem Leben unvorhersehbare Wendungen nehmen kann. Der Begleitete soll seine Beziehung zu Gott und Welt nicht nur besser verstehen, sondern engagiert in sie eintreten und Sprache dafür finden. Er soll der Anwesenheit und Abwesenheit des lebendigen Gottes bewusst werden und von dieser Beziehung her sein Leben wie einen Sauerteig durchdringen lassen. Geistliche Begleitung ist Gefährtenschaft auf diesem abenteuerlichen Weg, sich Gott anzuvertrauen. Sie dient einer geistlichen Persönlichkeitsbildung und möchte dazu verhelfen, ganz persönlich in den Bund mit Gott einzutreten. Jede Biographie soll von Gottes Liebe durchglüht werden und bis zu ihrer einmaligen Berufung in der Nachfolge Christi und seinem Dienst an der Menschheit finden. Gott nicht nur vom Hören-Sagen zu kennen, sondern mit eigenen Augen zu schauen, will die Begleitung ermöglichen, um mit Worten von Hiob zu sprechen. (Hiob 42,5)

In den folgenden Zeilen soll das Profil der soeben skizzierten geistlichen Begleitung vorgestellt werden. Der nächste Abschnitt ist dem Anfang einer Begleitung gewidmet. Danach sollen Erfahrungen des Unterwegsseins im Glauben angesprochen werden, wie sie zu jeder existentiellen und spirituellen Reifung gehören. Schliesslich sei ein Wort zum Beschliessen einer Begleitung angefügt.*

2. Eine Begleitung achtsam beginnen

Dem volkstümlichen Sprichwort „Aller Anfang ist schwer" steht die Beobachtung von Hermann Hesse entgegen: „Und jedem Anfang wohnt ein Zauber inne." Das Sprichwort von der Schwierigkeit trifft für viele Menschen zu, die eine geistliche Begleitung suchen. Wenn sie eine passende Begleiterin oder einen Begleiter jedoch gefunden haben, machen sie in den ersten Monaten oft die Erfahrung des Zaubers. Endlich wird der Raum eröffnet, wo die tiefste Sehnsucht des Menschen sich entfalten kann! Die Begleitung beginnt also dort, wo jemand mit dem Wunsch vor Gott zu wachsen und die Beziehung mit ihm zu vertiefen eine erfahrene Begleitperson gefunden hat, der er sich anvertrauen kann. So unterscheidet sich der Beginn einer geistlichen Begleitung von der Suche nach einem einmaligen geistlichen Rat in einer bestimmten Frage. Sie unterscheidet sich auch von der religiösen Hilfe, die jemand in einer Krankheit oder Krise sucht. Dazu braucht es oft nicht mehr und nicht weniger als ein oder mehrere Seelsorgegespräche. Die Sehnsucht, ganz persönlich Abbild Gottes zu werden, wie es das Anliegen des spirituellen Weges ist, unterscheidet sich auch von theologischen Fragen, die jemand beantwortet zu haben braucht. Dazu kann ein Glaubensbuch gelesen oder eine geschulte Person um Auskunft und Antwort gefragt werden. Wenn auch all diese Bereiche in eine geistliche Begleitung hineinspielen, so ist im Zentrum doch allein die Sehnsucht, sich als Person in der Nachfolge Jesu formen und bilden zu lassen. Wie bewusst oder unbewusst dieses innere Suchen nach Gott zu Beginn auch ist, wie und ob es verbalisiert werden kann, ist nicht entscheidend. Vielmehr hat es sich im Verlauf der Begleitung immer klarer zu zeigen. Die Motivationsreinigung auf dem Weg wird auf dieses grundlegende menschliche Begehren hinsteuern, denn die Freude Gottes ist der lebendige Mensch und die tiefste Freude des Menschen das Leben mit Gott, um Irenäus von Lyon zu paraphrasieren.

Das Arbeitsbündnis

Mit dieser inneren Sehnsucht, dem tiefsten Bedürfnis des Menschen, schliesst nun der geistliche Begleiter ein Arbeitsbündnis und vertraut die begleitete Person dem einzigen Lehrer und Erzieher an, den es für Christen gibt: Jesus Christus. (vgl. Mt 23,10) Der Begleiter ist weder Meister, noch Lehrer oder Führer auf dem spirituellen Weg. Genau darin unterscheidet sich christliche Begleitung von Schüler-Lehrer-Beziehungen in vielen anderen spirituellen Traditionen. Er steht vielmehr mit seinem Wissen, seiner Schulung und seiner ganzen Person an der Seite des Begleiteten. Er ist sein Gefährte. Der Begleiter muss Christus den Raum lassen, damit er die Person so führt, wie es dem göttlichen Willen entspricht. Diesen Freiraum versucht die Begleitung immer wieder herzustellen und zu gewährleisten. So darf der Begleiter nicht die direkte Absicht haben, gute kirchliche Mitarbeiter heranzuziehen, auf das Priestertum vorzubereiten oder Menschen zu einem bestimmten Ziel zu führen, auch wenn dies auf der äusseren und sekundären Ebene oft der Fall ist. Es geht zunächst allein um Offenheit gegenüber der Führung Gottes, die grösser ist, als was Menschen beabsichtigen.

Diese Sicht der Begleitung garantiert auch die Eigenverantwortung, die die begleitete Person in jeder Situation behalten muss. Sie lässt sich ebenso auf das Bündnis mit ihrer tiefsten Bestimmung ein, ganz auf Gott hin zu wachsen und Christus als eigentlichen Lehrer anzunehmen. Gerade in Zeiten, wo Unlust am spirituellen Üben auftaucht, wo sich Widerstände breit machen oder in die Begleitung sich eigene Zwecke, wie therapeutische Heilung, vertrauliches Gespräch oder Erwerb von Erkenntnis in mystischer Theologie einnisten, ist es wichtig, sich ans ursprüngliche Arbeitsbündnis zu erinnern. Der Begleitete richtet sich selber immer wieder daran aus, während der Begleiter versucht, das Gleichgewicht zwischen Gott und der Person in der Begleitung zu wahren.

Ignatius von Loyola beschreibt in seinem Exerzitienbuch zuerst die Sehnsucht des Menschen, dem sich alle Beteiligten am Prozess verpflichtet wissen, ganz objektiv. Im so genannten „Prinzip und Fundament" heisst es: „Der Mensch ist geschaffen, um Gott, unseren Herrn, zu loben, ihm Erfurcht zu erweisen und zu dienen." Diese Wahrheit im eigenen Leben existentiell und persönlich zu erfahren, ist allen Menschen möglich, sobald sie sich auf die Führung der Begleitung einlassen und dem Wort der Bergpredigt folgen: „Euch aber muss es zuerst um Gottes Reich und seine Gerechtigkeit gehen; alles andere wird euch dazu gegeben." (Mt 6,33)

Der Arbeitsvertrag

Das spirituelle Bündnis mit dem inneren Streben und der gereinigten Absicht, mit Gott unterwegs zu sein, erhält in der Begleitung einen handfesten Arbeitsvertrag. Bei einem ersten Abklärungsgespräch mit einer Begleitperson müssen die Vertragsbedingungen geregelt werden. Dazu gehören praktische Dinge: Die Häufigkeit der Begleitungen gilt es festzulegen. Sie erfolgt oft in einem Monatsrhythmus oder auch kürzeren oder längeren Intervallen. Dann braucht es einen Konsens bezüglich der Länge der Begleitgespräche, meistens etwa eine Stunde. Zudem muss über ihre Struktur Klarheit geschaffen werden, z. B. der Beginn mit einem gemeinsamen Gebet um den Heiligen Geist oder die Empfehlung, das Gespräch eine halbe Stunde individuell nachklingen zu lassen. Neben Ort und Zeit gilt es zu besprechen, wie zwischen den einzelnen Treffen geübt wird. Es kann anhand eines Buches, durch individuelle Aufgabenstellungen, eine besondere Meditationsart, geistliche Lektüre etc. vorangeschritten werden. Schliesslich ist die Frage nach einer finanziellen Entschädigung für den Dienst der Begleitung zu klären, da sie oft von Frauen und Männern ausgeübt wird, die für diese Arbeit in der Kirche nicht bezahlt werden.

Den Beginn einer Begleitung professionell zu gestalten und sie nach einer gewissen Zeit gemeinsam auszuwerten, gehört zum sorgfältigen Umgang, wie es ein sensibler Prozess braucht, wo ein Mensch sein Innenleben öffnet und sich einem andern anvertraut. Entscheidend ist, dass eine Atmosphäre des Wohlwollens und der Vertrautheit entsteht, damit in den Gesprächen möglichst angstfrei gesprochen werden kann. Je klarer dieser Rahmenvertrag gesetzt ist und je mehr er mit persönlicher Wärme von Seiten des Begleiters gefüllt ist – weder kumpelhaft noch belehrend, sondern freundschaftlich begleitend –, um so mehr kann sich der Begleitete öffnen. Auch wenn es nicht darum geht, stets die ganze innere Erfahrung in der Begleitung zur Sprache zu bringen, ins Licht der Gegenwart Gottes sollte sie allmählich ganz gestellt werden können. Dass daher die geistliche Begleitung in den Bereich des *forum internum* fällt, in den Bereich des Schweigegebots wie die Beichte, ist selbstverständlich. Von Anbeginn an soll also ein Raum der Transparenz und des Vertrauens geschaffen werden, wie es dem geschwisterlichen Umgang in der Kirche Christi entspricht.

Gebet, Meditation und ihre ersten Früchte

Der Anfang einer Begleitung steht im Dienst, die grundlegenden Fähigkeiten des spirituellen Lebens einzuüben. Dazu gehören zuerst das Gebet, die Meditation und Kontemplation. Das aufmerksame Beten eines vorgegebenen Gebets wie z. B. das *Magnificat*, das Beten mit einzelnen Psalmversen oder einem einzigen Wort aus der Heiligen Schrift, das im Aus- und Einatmen wiederholt wird, die meditative Betrachtung einer kurzen biblischen Erzählung, das gegenstandslose Sich-Ausrichten auf Gottes Gegenwart oder das Einübung der Haltung der Anbetung, all diese Formen gilt es aus eigener Erfahrung kennen zu lernen, von innen zu füllen und dabei die ureigene Meditationsform zu finden. Eine gute Begleitung gibt nicht einfach einen Stil vor, sondern sucht zusammen mit der anvertrauten Person die ihr angemessene Gebetsform. Oft kann dabei auf frühere Erfahrungen zurückgegriffen und können diese weiterentwickelt werden. Drei Haltungen werden in diesem Üben wachsen:

1.) Ein einfaches und aufmerksames Herz, das lernt, mit allen fünf Sinnen die Wirklichkeit und Wahrheit so angst- und urteilsfrei wie möglich wahrzunehmen. Durch die Aufmerksamkeit auf die kleinen Bewegungen im Alltag und im eigenen Innenleben kann Gott neu entdeckt werden. Ein Dankbar-Werden durch liebevolles Annehmen dessen, was die Lebensgeschichte gebracht hat, ist ein zentrales Anliegen geistlichen Lebens. Es wird durch Meditation der eigenen Geschichte mit all ihren Licht- und Schattenseiten erreicht. Aus der Perspektive der Heiligen Schrift und der Liturgie entfaltet sich eine neue Sensibilität für das, was Leben bedeutet und sein kann.

2.) Ein waches und hörendes Schweigen gilt es einzuüben. Es ist kein Verstummen, sondern jener Raum der Stille, der der Wahrheit des Lebens und dem Wort des Evangeliums Gehör verschafft. Es ist das Alleinsein mit Gott jenseits von Einsamkeit, das das sanfte Säuseln seiner Stimme vernehmen lässt. Der Gott von Sturm, Gewitter und Erdbeben, der Gott der grossen Theophanie des Sinai, ist Elija einst zerbrochen. Zu einem neuen Gottesbild und einer tieferen Gottesbeziehung ist er herangereift und lernte Gottes Schweigen wahrzunehmen. (vgl. 1 Kön 19) In diese Reife möchte geistliche Begleitung führen. Nur im Schweigen wird Gottes Wort wahrgenommen, wie auch nur im Heiligen Geist Christus erfasst wird. Über Schweigen und Wort geschieht die Initiation in eine lebendige Beziehung mit dem dreieinen Gott.

3.) Wie das sportliche Training zu einem gesunden Körper und umfassenden Leibbewusstsein führt, so zielt das spirituelle Üben auf eine Wohlgestaltung des eigenen Lebens. Es geht darum anzuerkennen, dass vieles in der eigenen Lebensgeschichte zufällig und chaotisch, von verworrenen Kräften und inneren Zwängen, durch Verdrängung und Verwundung geprägt und entfremdet ist. Die Notwendigkeit der Umkehr einzugestehen und darauf in weisen Schritten eine Neuordnung des Lebens wagen, die realistisch und human ist, ist eine grosse Gnade. Dazu will geistliche Begleitung verhelfen.

Gottesbeziehung und Selbsterkenntnis

Eine geistliche Begleitung zu beginnen, ist folglich dann sinnvoll, wenn ein Mensch im Alltag bereit ist, Zeit für ein Leben mit Gott zu investieren. Wer eine Begleitung beginnt, sagt ja zu einem Leben mit Gebets- und Meditationszeiten, so kurz diese auch sein mögen. Das spirituelle Leben beschränkt sich jedoch nicht auf die expliziten Gebetszeiten, sondern es will alle Lebensbereiche mehr und mehr mit der Freundschaft zu Gott durchdringen. Dies soll nicht durch äussere Aufrufe, fromm und gut zu sein, oder durch die mürrische Unterwerfung unter kirchliche und biblische Gebote erreicht werden, sondern von Innen her wachsen. Aus der Beziehung mit Gott soll das Leben Gestalt annehmen.

Dazu gehört eine wachsende Selbstwahrnehmung, denn es sind immer verdrängte Gefühle oder übergangene Verletzungen, die den Weg zu Gott und zum eigenen Selbst verstellen. Sie führen dazu, dass Gott nur verzerrt, d. h. in einem oft archaischen Gottesbild, wahrgenommen wird, dass sich vor ihm Angst einstellt oder er so langweilig und lebensfremd erscheint, dass das Interesse an ihm verloren geht. Durch das geistliche Üben im Alltag aber wird die Wirklichkeit des Lebens in all seinen Aspekten immer klarer wahrgenommen und angenommen. Durch das Bewusstwerden der verschiedenen Situationen und Beziehungen, die einen prägen, wird eine Selbsterkenntnis gewonnen, die proportional zur Gotteserkenntnis wächst. „Sei Du ganz Dein, damit ich ganz Dein sein kann", hört Nikolaus von Kues Gott einst zu ihm sprechen. Billiger ist ein authentisches Leben mit Gott nicht zu haben. Doch wer sich auf den Weg macht, erfährt, dass die Wahrheit frei macht, und Gott mit einer Gnade und Barmherzigkeit zu Hilfe kommt, wie es nicht ausgedacht werden kann. Durch das spirituelle Üben im Alltag wird das Innere der Person so gestaltet, dass es den Ruf von Jesus Christus hört, der als Bruder an des Menschen Seite gehen will, und es wird Raum geschaffen, damit Gott sich in seiner Souveränität entfalten kann.

3. Aus dem Prozess der geistlichen Begleitung

Spirituelle Erfahrungen sind in den vergangenen Jahrzehnten immer stärker ins Zentrum des kirchlichen Lebens gerückt. Auch die Mystik erlebt eine Wiederentdeckung, nachdem die moderne Rationalität an ihre Grenzen gestossen ist. Persönliche geistliche und mystische Erfahrungen gehören seit jeher zum Glaubensleben und zu einer Freundschaft mit Gott. Von ihrem Wesen her stehen sie zuweilen in Spannung mit der kollektiven religiösen Praxis und mit der kirchlichen Institution. In unseren Tagen hat diese Spannung oft zu einer Entkoppelung geführt, so dass sich individuelle Gotteserfahrungen verselbständigt haben und auch bewusst gegen den kirchlich vermittelten Glauben ausgespielt werden.

Mystische Erfahrungen

Was die geistliche Begleitung betrifft, so setzt sie keine mystischen Erfahrungen voraus. Sie arbeitet jedoch auf persönliche Gottesbegegnungen hin. Wenn mystische Erfahrungen dazu kommen, wird dies als Gottes Geschenk angenommen. Auf jeden Fall bleibt ein guter Begleiter nicht auf besondere Erfahrungen fixiert, sondern hilft, sie in die Biographie der begleiteten Person zu integrieren. Ihre Auswirkungen im Leben fruchtbar zu machen, ist entscheidend, denn es geht in christlicher Spiritualität weniger um punktuelle Erlebnisse, als um das Finden der eigenen Weise, als Abbild Gottes geschaffen zu sein und ihm immer ähnlicher zu werden (vgl. Gen 1,26f). In der Beziehung zu Gott gilt es die besonders intensiven Zeiten, dann aber auch die Krisen, Phasen des Schweigens und der Abwesenheit und schliesslich den unspektakulären Alltag schätzen zu lernen. Sich die Beziehung zu Gott mit all ihren Facetten schenken zu lassen, ist ein wichtiger Schritt in der spirituellen Reifung und wird in der Begleitung gefördert. Gott ist nicht nur da, wenn er gespürt wird. Dabei würde die menschliche Empfindung zum Massstab für Gott gemacht und religiöses Leben subtil dem menschlichen Narzissmus unterworfen. Die echten Mystiker werden gerade daran erkannt, dass sie auch die Abwesenheit Gottes ertragen, nicht fliehen und die Leere nicht mit weltlichen Dingen stopfen, wie es die Mehrheit der Menschen zu tun pflegt.

Der biblische Gott fordert den Menschen zum Wachstum heraus und führt ihn in die eigene Berufung. Er offenbart sich nie, ohne einen Auftrag zu vermitteln und den Menschen in die Welt hineinzuschicken. Besonders daran kann abgelesen werden, und folglich oft erst im Nachhinein, was eine besonderes Gotteserfahrung oder ein mystisches Erleben wirklich bedeutet. Erst rückblickend kann erkannt werden, ob und wie Gott am Werk ist. Gott zieht vorüber, oder wie die Propheten zu sagen pflegten: Auf der Rückseite der Tage werdet ihr erkennen. (Vgl. Jer 23,20) Im Dienst an der Welt und nicht in besonderen Erfahrungen bewährt sich spirituelles Leben.

Unterscheidung der Geister

Bei aussergewöhnlichen Gottesbegegnungen und Christuserfahrungen sucht der Begleiter zusammen mit der begleiteten Person wie im ganzen Prozess stets die Unterscheidung der Geister. Dabei werden die inneren Regungen, die Gedanken und Gefühle, die Bilder und Phantasien und alle geistlichen Erfahrungen im Lichte Gottes wahrgenommen und liebevoll angeschaut. Sich jenen bewusst zu öffnen, die dem Leben dienlich sind, und die destruktiven Kräfte zurückzuweisen bzw. zu lernen, mit ihnen zu leben, ist eine lebenslange Aufgabe. Geistliche Begleitung lehrt, um in der Sprache der spirituellen Tradition zu sprechen, mit Trost und Misstrost umzugehen: Trost ist die innere Freude am Weg mit Gott, an der Schöpfung und an den Mitmenschen. Er bezeichnet ein Wachstum an Glaube und Zuversicht, Vertrauen und Einfachheit, Gerechtigkeitssinn und Friedensbereitschaft, Hoffnung und Liebe. Die begleitete Person lehrt diese Erfahrungen wahrzunehmen und sich in ihnen zu verankern, so dass sie zur Kraftquelle werden, auch in den Zeiten des Misstrosts mit Christus an der Seite voranzugehen. Zweifel, Vorwürfe gegen sich selbst, Verstrickung in Scheindiskussionen mit immer subtileren Argumenten, depressive Stimmungen und mürrische Unzufriedenheit wie auch die Lust, sich gemein und primitiv zu verhalten, sind Erfahrungen des Misstrosts, die ebenso zu jedem geistlichen Weg gehören. Hier gilt es, treu zu bleiben und zu lernen, selbst aus diesen Erfahrungen Gottes Botschaft herauszuhören. Der geistliche Begleiter wird unterstützend und fördernd helfen, durch diese Phasen zu gehen und sich in der Seelenlandschaft zu bewegen. Dabei darf der Blick in der eigenen Erfahrung nicht stecken bleiben, sondern hat sich immer wieder auf Gott auszurichten. „In allem auf Christus schauen", sagt der Karthäuser Ludolf von Sachsen, ein Vertreter der *devotio moderna*, der modernen Spiritualität im Spätmittelalter. Und unser Zeitgenosse Heinrich Spaemann formuliert: „Was wir im Auge haben, prägt uns, dahinein werden wir verwandelt, und wir kommen, wohin wir schauen." Je weiter ein Mensch auf seinem geistlichen Weg voranschreitet, umso mehr lernt er, ganz auf Gott zu schauen und gleichzeitig immer feiner die subtilen Bewegungen und Gesetzmässigkeiten der eigenen Seele wahrzunehmen. Dadurch erwächst ein innerer Kompass, der es erlaubt, ganz aus der eigenen Mitte zu leben, Entscheidungen zu treffen und, wo gefordert, auch andere zu führen.

Weil der Mensch sich stets nach Gottes Liebe sehnt, geht er auf die spirituelle Reise und beginnt eine geistliche Begleitung. Es ist in seiner Natur auch angelegt, dass er sich entfalten und aus seinem Leben ein einmaliges Kunstwerk machen will. Gott lädt ihn dazu ein. Zugleich erfährt jeder Mensch aber auch Widerstände in sich, auf diesem Weg voranzugehen. Die Ambivalenz entsteht, weil in ihm nicht nur die Sehnsucht nach Gott, sondern auch die Angst vor dem Absterben der eigenen ich-bezogenen Identität besteht. Die Abtötung, die ein geistliches Leben auch enthält, um nochmals in der klassischen Spiritualitätssprache zu reden, lässt den eigenen Narzissmus und die Ich-Bezogenheit sterben. Ohne sie ist die Neugeburt zu einem reifen Menschsein nicht zu haben. Dies gilt für jeden Lebensweg und in gesteigertem Masse zu einem geistlichen Leben, das sich in Christus verankern will, wie Jesus selbst wiederholt bezeugt: „Wenn das Samenkorn nicht in die Erde fällt und stirbt…" (Joh 12,24) oder: „Wer mir nachfolgen will, nehme sein Kreuz auf sich." (Mt 16,24) Während sich der Widerstand in jedem Menschen meldet, wenn die alte Identität dabei ist abzusterben, so ist er umso mehr bei jenen anzutreffen, die das Absterben und die Abtötung falsch verstehen, nämlich als ein Verzicht auf wahres und volles Leben. Dieses Missverständnis schleicht sich leicht ein, weswegen viele Menschen religiöses Leben nur als Einschränkung und Minderung von Lebensqualität wahrnehmen können. Mit solchen Missverständnissen und Widerständen, die zu jedem wahren Reifungsprozess gehören, umzugehen, lehrt der geistliche Begleiter. Er stärkt im Begleiteten die Hoffnung auf Gott trotz rückwärts ziehender Kräfte, hilft das Neue und Unerklärliche in die Gottesbeziehung zu integrieren und so die Beharrungstendenz, die sich den Veränderungen widersetzt, zu überwinden.

Das Wachstum der Beziehungsfähigkeit gegenüber Gott ist auch Phasen der Regression ausgesetzt. Zu wissen und damit zu rechnen, dass die Angst weiterzugehen bei grossen Schritten in Regression umschlägt, ist wichtig. Gerade fromme Menschen, die sich bereits eine eigene religiöse Identität erarbeitet oder eine solche geerbt bekommen haben, fürchten sich zuweilen vor einer geistlichen Begleitung. Sie befürchten, dass ihnen der Glaube genommen werden könnte. Meistens rationalisieren sie ihre Angst, indem sie sich im religiösen Leben sicher fühlen und sich sagen, dass sie keine Begleitung brauchen, weil sie schon in Gott verwurzelt sind. Doch Gott will immer weiterführen. Dabei muss der Kinderglaube sterben und das zu kleine Gottesbild aufgebrochen werden. Gott führt stets über den bestehenden Glaubensgrad hinaus. Für den geistlichen Pilger bedeutet es stets neu, loszulassen und abzusterben, wie dies Meister Eckhart den Schwestern zuruft, die er begleitet: „Man muss Gott lassen, um Gott zu finden." Gerade im fortgeschrittenen Glaubensleben, wo die Spiritualität differenzierter erlebt wird und gerade in Zeiten der Regression und des Widerstands, wo der Begleitete stark zu Projektionen und psychischen Übertragungen auf den Begleiter, auf Christus und auf Gott neigt, hat die geistliche Begleitung einen unerlässlichen Beitrag zu leisten. Ohne eine gemeinsame Unterscheidung all der „Geister", die in solchen Veränderungen lebendig werden, ist ein Fortschreiten kaum möglich.

Kernverletzung und Berufung

Die Freundschaft mit Gott entspricht der Beziehung zu den Mitmenschen, genau so wie die Liebe zu Gott und die Nächstenliebe miteinander gekoppelt sind. Der Gott des Lebens ruft daher jeden Menschen, sich stets tiefer in den Dienst der Kirche und der Welt zu stellen. Die Schöpfung ist nicht vollendet und die Welt nicht statisch, sondern im kontinuierlichen Neu-Werden in Christus. Daher hilft der geistliche Begleiter der Person, die er begleitet, seine Sendung an der Seite Jesu für die Mitmenschen zu entfalten und den gesellschaftlichen Ort zu suchen, an den Jesus ruft. Es geht um das Reich Gottes und seine Gerechtigkeit mitten im Berufsleben und Alltag. Jesus selbst liess sich von Gott führen und musste seine eigene Berufung Schritt um Schritt finden: Zuerst ein Leben als Handwerker und Zimmermann. Dann entscheidet er sich mit dreissig Jahren für den Anschluss an die Bewegung von Johannes dem Täufer, findet sich nach dessen Hinrichtung jedoch gerufen, selbst die Frohbotschaft vom Reich Gottes zu verkünden und mit eigenen Jüngern zu verbreiten. Schliesslich ringt er sich durch, Jerusalem mit seinen religiösen Institutionen um der Sache Gottes willen herauszufordern und seine Hinrichtung auf sich zu nehmen.

Im Licht des öffentlichen Auftretens Jesu und seiner Berufung hilft die Begleitung dazu, die körperlichen, intellektuellen, künstlerischen, handwerklichen, ja alle Fähigkeiten des Begleiteten aufzudecken, zu stärken und zu fördern. Sie sollen geläutert werden, um sich im Dienst seiner Berufung zu entfalten. Doch das tiefe Geheimnis, das aus Tod und Auferweckung Jesu aufscheint, besagt nicht, dass es spirituelle Helden heranzuzüchten gilt. Vielmehr will sich Gott gerade in der Schwachheit und im menschlichen Scheitern als Gott erweisen. Wie nur ein weltlich gescheiterter Messias die Welt retten kann, weil er so nicht zum Götzen gemacht werden kann und den Blick auf Gott nicht versperrt, so lehrt die geistliche Begleitung, gerade auch angesichts der eigenen Gebrochenheit den Weg mit Gott zu gehen. Die menschliche Schwachheit, in die Nachfolge Jesu gestellt, ist Gottes privilegiertes Wirkungsfeld. Kein anderer als Paulus hat unablässig auf diese paradoxe Wahrheit hingewiesen:

„Denn Christus hat mich nicht gesandt zu taufen, sondern das Evangelium zu verkünden, aber nicht mit gewandten und klugen Worten, damit das Kreuz Christi nicht um seine Kraft gebracht wird. Denn das Wort vom Kreuz ist denen, die verloren gehen, Torheit; uns aber, die gerettet werden, ist es Gottes Kraft… Die Juden fordern Zeichen, die Griechen suchen Weisheit. Wir dagegen verkünden Christus als den Gekreuzigten: für Juden ein empörendes Ärgernis, für Heiden eine Torheit, für die Berufenen aber, Juden wie Christen, Christus, Gottes Kraft und Gottes Weisheit… das Schwache in der Welt hat Gott erwählt, um das Starke zu Schanden zu machen." (aus 1 Kor 1,17-31)

In den letzten Jahrzehnten ist die geistliche Wahrheit, dass die tiefste Verwundung, Verwundbarkeit und das Scheitern des Menschen auch die Quelle für seine Stärke und Berufung bereitstellt, psychologisch neu bestätigt worden. An der Kernverletzung, die auf dem Seelengrund jedes Menschen liegt, entwickeln sich die genuinsten Fähigkeiten einer Person, weil sie nichts anderes als die andere Seite derselben Medaille darstellen. Die konkrete, persönliche Schwäche und das Scheitern, durch Christus aufgehoben und zu einer Narbe geheilt, die nicht vergessen und verdrängt wird, ist das tiefste Zeichen der Solidarität mit ihm. Im Ort der Schwäche sich gemeinsam mit Jesus Gottes Ruf zur Verfügung zu stellen, lehrte die Armutsfrömmigkeit des Mittelalters: „Nudus nudum Jesum sequi", nackt dem nackten Jesus folgen. Wer an den Wunden Christi seine Wunden heilt, der entdeckt am auferstandenen Leib auch seinen neuen Leib und sein neues Menschsein. Sich an die Wahrheit von Christi Tod und Auferstehung mit dem eigenen Scheitern, Sterben und Neu-Werden heranzutasten, gehört zum spirituellen Leben, das sich der christlichen Mystik verpflichtet weiss. Wenn die begleitete Person zusammen mit dem Begleiter diesen inneren Ort aufsucht und ihn unter dem Wirken des Heiligen Geistes für die eigene Biographie fruchtbar macht, ist die letzte Zielsetzung einer geistlichen Begleitung erreicht.

4. Eine Begleitung sorgfältig beschliessen

Alles in der Zeit Geschaffene hat einen Anfang, eine Mitte und ein Ende; so auch die geistliche Begleitung. Zuweilen sind es äussere Umstände wie z. B. ein Umzug, die eine Begleitung zu einem Abschluss kommen lassen. Aus der Dynamik des spirituellen Weges selbst ist eine Begleitung dann zu beenden, wenn ihr Ziel erreicht ist, d. h. wenn die begleitete Person gelernt hat, ihr Leben aus einer tragfähigen Beziehung zu Gott zu gestalten. Selbstverständlich ist diese Zielsetzung im Leben nie ganz erfüllt und die Vertiefung der Freundschaft mit Gott ist ein offener Lebensprozess. Doch wenn der Begleitete fähig geworden ist, auf den eigenen „inneren geistlichen Begleiter", auf den inneren Christus, zu hören, wenn das Arbeitsbündnis mit der inneren Sehnsucht fest verankert und wenn die Unterscheidung der Geister integriert ist, neigt eine Begleitung dem Ende zu. Dann ist die begleitete Person auf ihrem Weg der persönlichen Christusnachfolge ein gutes Stück weitergekommen, hat ihr Leben insofern geordnet, als es durch regelmässige Gebetszeiten und Glaubensvertiefung genährt wird, und kann auch ohne überstarke Gefühle der Abhängigkeit oder der Abneigung gegenüber dem geistlichen Begleiter loslassen. Entscheidend ist auf jeden Fall, dass der Abschluss der Begleitung von beiden Seiten, Begleiter wie begleiteter Person, im Konsens geschieht und je aus freien Stücken getragen ist. Der äussere Arbeitsvertrag kann dann gut gelöst werden.

Eine geistliche Begleitung mag kürzere Zeiten dauern, doch normalerweise braucht es einige Jahre des Übens, bis eine Gottesbeziehung gewachsen ist, die auch in den Stürmen des Alltags Bestand hat. Nach einigen Jahren kann es auch gut sein, den Begleiter oder die Begleiterin zu wechseln, da jede auch noch so kompetent arbeitende Person begrenzt ist. Sie hat ihren Beitrag für den Begleiteten gegeben und eine neue Begleitperson kann neue Aspekte für einen geistlichen Weg eröffnen. Die Persönlichkeit der begleitenden Person spielt bekannterweise im Prozess keine kleine Rolle. Wenn eine Begleitung mit der Absicht beschlossen wird, andernorts einen Begleiter zu suchen, ist besonders darauf zu achten, dass die erste Begleitung nicht aufgrund eines Widerstandes oder einer oberflächlichen Unzufriedenheit abgeschlossen wird. Den Schwierigkeiten auf dem Weg, den mühsamen Trockenzeiten und dem scheinbaren Stillstand in der Begleitung sollte nicht nachgegeben werden. Sie gehören dazu. Durch das Einstellen einer geistlichen Begleitung und die Flucht in eine neue ist nicht geholfen. Hier gilt es mit grosser Aufrichtigkeit zu handeln. Wahrhaftigkeit braucht es auch, wenn sich die Begleitung in eine zu nahe Freundschaft verwandelt hat oder eine Abhängigkeit entstanden ist. Gemeinsam braucht es dann eine Neuausrichtung oder es ist offen zu besprechen, warum die Begleitung aufzulösen ist.

Über eine Begleitung hinaus wird der Begleiter vor allem noch einmal einige Meditations- und Gebetsformen mit auf den Weg geben, wie die tägliche Tagesmeditation oder die Hinweise zur Gestaltung von persönlichen Vertiefungstagen, wo der Begleitete selbst seinen Weg gehen lernt. Noch entscheidender ist es, die Haltung des *contemplativus in actione* als Schatz weiter zu tragen: Diese Aufmerksamkeit und Beschaulichkeit mitten im Tun, diese Fähigkeit, den Lauf der Alltagsgeschäfte zu unterbrechen und zu sehen, wie alles, was lebt, aus Gott hervorgeht und gerufen ist, ihm zu antworten. Es ist diese wahrhaftige Haltung der Liebe, der Kommunikation zwischen allen Geschöpfen und ihrer Verbundenheit mit Gott, die es in jedem Augenblick wach zu halten gilt. Die Liebe und Freiheit gilt es zu wahren, die Augustinus auf den Punkt gebracht hat: „Liebe und tu, was du willst!"

* Aus sprachlichen Gründen verzichte ich auf eine durchgehend gender-inklusive Sprache, die den Text verkompliziert. Dass gerade viele Frauen äusserst kompetent begleiten und mehr Frauen die Begleitung für sich entdeckt haben als Männer, ist eine Tatsache, die ich sehr zu schätzen weiss.

Jean Emonet crb

Expériences dans la direction spirituelle

Au cours de mes années de prêtrise, la manière d'aider quelqu'un à rencontrer Dieu et à le suivre a changé progressivement.

Sortant du séminaire et des études théologiques, ma vision de la direction spirituelle était plus intellectuelle. Il y avait sous-jacent un souci d'expliquer Dieu, du moins à ceux qui le cherchaient, comme si la théologie ou les dites preuves de l'existence de Dieu pouvaient aider à accueillir la foi.

Discutant avec des jeunes en recherche, je me suis rendu compte que les explications intellectuelles n'aidaient pas. Au contraire, elles ressemblaient à des discussions stériles et vides, n'apportant aucun bienfait à l'âme. Elles rendaient finalement impossible une rencontre avec le Seigneur.

Je me suis surpris à dire un jour à un jeune qui m'entretenait durant des heures de son désir de rencontrer Dieu : „Si vraiment tu cherches Dieu, va faire une retraite en silence et écoute-le !" A un autre : „Tiens prends ce livre (Les confessions de Saint Augustin) et ne reviens pas me voir avant de l'avoir lu et médité."

Dans les deux cas l'Esprit a pu leur parler.

Ainsi je changeais progressivement de 'méthode'. Saint Augustin m'y aidait : „Je te cherchais au dehors et tu étais au dedans de moi…".

La Parole de Dieu me révélait sans cesse cette inhabitation de Dieu dans l'âme de tout être humain :

> Jérémie : „*Je mettrai ma Loi au fond de leur être et je l'écrirai sur leur cœur. Alors je serai leur Dieu et eux seront mon peuple. Ils n'auront plus à instruire chacun son prochain, chacun son frère, en disant: Ayez la connaissance de Yahvé! Car tous me connaîtront…*" (Jérémie 31, 31-34)

Jean : *„Nul ne peut venir à moi si le Père qui m'a envoyé ne l'attire ; et moi je le ressusciterai au dernier jour. Il est écrit dans les Prophètes : Ils seront tous enseignés par Dieu. Quiconque s'est mis à l'écoute du Père et à son école vient à moi.* " (Jean 6, 44-45)

Soudain l'âme „pressent la lueur de quelque rayonnement céleste ; elle déborde d'une béatitude et d'une paix qui dépasse toute compréhension humaine. Une telle âme sait que la voix de Dieu l'a touchée et qu'elle possède, ne fût-ce que pour un court instant, la *foi-certitude.*" (S.L. Frank : Dieu est avec nous, éd. Aubier, p. 19)

Face à cette présence adorable dans le cœur de chacun, qui donne à tout être humain sa dignité et témoigne de sa valeur aux yeux de Dieu, l'attitude de celui qui est appelé à „diriger des consciences" comme on le dit, doit manifester un très grand respect de la personne et de sa relation – ou sa non-relation – avec Dieu.

Cette contemplation de Sa Présence en chaque être a modifié en profondeur l'aide que j'apporte à celui ou celle qui s'adresse à moi.

Il y a en effet des attitudes qui peuvent faire obstacle à cette Présence et à sa voix.

La „direction de conscience" n'a pas pour but de faire obstacle à la voix de Dieu dans le cœur de quelqu'un. Ce qui ne manque pas de se produire lorsque le 'directeur' impose ses idées, son savoir, et qu'il 'dirige' selon des règles ou des lois toutes faites qui obligent l'autre à se plier à un cadre légal.

La direction n'est pas non plus une prise de possession affective de l'autre – même s'il nous admire et nous aime. Ce genre de prise de possession d'une personne peut être destructrice de l'âme et de la personnalité. Elle ressemble parfois à du chantage : tel le fameux „Si tu ne fais pas cela, Dieu te punira !" de certains parents à leurs enfants.

Agir ainsi c'est prétendre connaître Dieu et lui dicter une pédagogie qui tient plus de la bêtise humaine que de la grandeur de son mystère.

Un chemin de respect de la personne et d'amour de Dieu

Il me semble que ce chemin passe par la prière, le silence et l'écoute de l'autre.

La prière, parce que Dieu est à l'origine de tout et que nous sommes à Lui. Il nous parle. Pour aider l'autre à reconnaître sa voix, il est nécessaire de la reconnaître en soi-même.

De fait c'est l'Esprit Saint qui nous enseigne lorsque nous lisons sa Parole, contemplons sa création, partageons dans l'Eglise l'Eucharistie.

Mon rôle en accueillant une personne est donc de l'aider à reconnaître la voix de Dieu en elle, l'aider à travers la lecture de l'Evangile à le découvrir en se défaisant des représentations qu'elle aurait pu se faire de lui. Représentations qui ont pu être véhiculées tant par les media que par des rencontres ou par l'éducation reçue dans la jeunesse. Découvrir à l'écoute de Jésus le mystère étonnant de l'amour d'un Père qui n'est indifférent à aucun être humain, et approcher la grandeur de sa miséricorde, tel est le chemin de l'Evangile.

Encourager à fonder sa confiance sur la croix du Christ plutôt que sur soi-même, à s'offrir, malgré ou à cause de sa pauvreté et sa faiblesse, à Dieu qui aime les pauvres et les humbles ; soutenir la joie et l'espérance d'un tel don de soi, aider à le traduire dans des actes de respect et de charité à l'égard de Dieu et de l'autre tel qu'il est, tel me semble être le but d'un accompagnement.

Et ainsi, amener chacun à se laisser diriger par Dieu, dans la liberté et la paix.

Pour une telle démarche, le silence et l'écoute me paraissent fondamental.

Le silence, parce que la personne qui a recours à moi désire trouver un cœur qui écoute, qui accueille toute pauvreté comme le Christ, qui ne juge pas mais cherche à comprendre avec elle la situation dans laquelle elle se trouve. Chacun transporte avec lui son histoire, son hérédité, son tempérament, sa culture… son mystère en quelque sorte, qui n'appartient qu'à Dieu et qui nécessite silence et accueil aimant.

L'écoute attentive aide à rejoindre le dessein de Dieu sur cette personne et rend capable de l'aider dans le sens de sa vocation.

Il faut donc du temps, de la confiance, et de la patience.

De fait en conclusion je dirai que la direction de conscience est une recherche de la volonté de Dieu, de ses desseins à l'égard d'une personne qui se confie à nous. Cette recherche se fait ensemble, dans un climat de confiance, de prière et d'amitié, et le 'directeur' est là pour ouvrir quelques pistes, indiquer une direction qui lui paraît être conforme à ce que Dieu désire pour l'autre. Il est là pour suggérer, encourager, mais en aucun cas pour s'imposer et ou imposer ses propres idées ou pressentiments.

Hildegard Aepli

Der Kirche von morgen
heute eine „Seele" geben

Ein Haus der Kirche leiten

Im 1. Stock des Salesianums hängen in chronologischer Reihenfolge die Fotos der ehemaligen Regenten. Sie alle trugen in Zusammenarbeit mit den jeweiligen Spiritualen, den Menzingerschwestern und verschiedenen Angestellten die Hauptverantwortung für den gesamten Betrieb. In den 90-er Jahren begannen Stiftungsrat und Regentenkonferenz intensiv nach neuen Lösungen zu suchen, weil sich die finanzielle Lage des Konviktes bedrohlich präsentierte und das Salesianum in einem schlechten Ruf stand. „Wer im Kasten wohnt, hat einen Knacks", lautete die bissige Aussage etlicher Theologiestudierender, die die Geschicke des Hauses als Aussenstehende kommentierten. Sie weigerten sich, der Auflage ihrer Regenten nachzukommen und mindestens ein Jahr während der Studienzeit in einem geistlich geleiteten Haus zu wohnen, womit in Fribourg das Salesianum gemeint war.

Ein erster Entscheid der Verantwortungsträger fiel im Jahr 1998, als der Westschweizer Gastronomiefirma DSR (Département Social Romand) die Betriebsführung übertragen wurde. Während dieser gleichen Zeit wurde entschieden, dass künftig auch Zimmer an Frauen vermietet werden dürfen, die an der Universität Fribourg studieren.

Am 7. November 2000 setzte Bischof Amédée Grab Thomas Ruckstuhl und Hildegard Aepli in ihre Aufgaben ein. Nach dem neuen Konzept der Schweizer Regenten sollte es mindestens je ein Priester und eine Frau (eine Pastoralassistentin) sein, die unter sich die Hausleitung, die Ausbildungsleitung (forum externum) und die geistliche Begleitung der Theologiestudierenden (forum internum) aufteilen. Damit begann ein spannungsvoller und herausfordernder Abschnitt in der Leitung eines Hauses der Kirche. Thomas Ruckstuhl wurde Ausbildungsleiter und als solcher Mitglied der Regentenkonferenz. Hildegard Aepli ist zu

Hildegard Aepli und
Thomas Ruckstuhl
bei der Besprechung
ihrer Arbeit

30% für die Hausleitung und zu 70% für die geistliche Begleitung verantwortlich.

In den nun folgenden Abschnitten skizziere ich einige Erfahrungen, die ich unter diesem neuen Konzept in den vergangenen 6 Jahren machen konnte:

Oft werde ich gefragt, wie sich mit einem 30%-Pensum ein so grosses Haus wie das Salesianum leiten lässt? Ich vergleiche meine Aufgabe mit der einer Präses von Jungwacht und Blauring. Es ist vor allem eine begleitende Tätigkeit. Die arbeitsaufwändigen Bereiche der Personalführung der Mitarbeitenden, der Administration, der Organisation in der Küche und die Reinigung wurden DSR übertragen. Alle diese Angestellten arbeiten für das Salesianum, aber sie wohnen nicht darin – im Unterschied zu Thomas Ruckstuhl und mir. Für die Hausleiterin und Mitbewohnerin des Konviktes ist es darum wichtig, mit allen Menschen in Kontakt zu sein, die hier arbeiten und leben. Ich kenne die Studierenden, die Angestellten und gehe auch auf die Gäste zu, unter ihnen besonders jene, die länger bei uns wohnen. Durch einen kleinen, aber wichtigen Hinweis an den Informationsabenden aller Hausbewoh-

Das Personal von DSR ist zuständig für den Empfang, die Küche, die Verwaltung und die Reinigungsarbeiten im Haus

ner versuche ich, diese Haltung des gegenseitigen Kennens weiter zu geben. Die Studierenden werden darauf aufmerksam gemacht, wie wichtig es für den Hausgeist ist, einander in den Gängen oder im Stiegenhaus zu grüssen. Die Betonung dieser schlichten Aufmerksamkeit will zum Ausdruck bringen, dass das Zusammenleben mit solchen Gesten und Worten seinen Anfang nimmt.

Durch die regelmässigen Zusammenkünfte mit dem Geranten von DSR, Herrn Albert Gavillet, ist der Raum für das Gemeinsame unserer Verantwortung gewachsen. Wir sind miteinander für die Atmosphäre des Hauses zuständig. Wir sind aufeinander angewiesen. Es würde nicht genügen, wenn durch die Arbeit von DSR lediglich die Finanzen im Blickpunkt blieben. In diesem Falle wären wir eine Art Hotel oder ein reines Mietshaus. Dem Druck jedoch zu genügen, eine möglichst ausgeglichene Rechnung vorlegen zu können, ist von grosser Bedeutung. Die gute Zusammenarbeit mit DSR gehört also zu den Voraussetzungen, dass das Salesianum, als Haus der Kirche, wieder leben und atmen kann. Das gute „Zusammenspiel" auf der Leitungsebene wirkt sich auf die anderen Angestellten und schliesslich auf die Studierenden aus.

Gute Stimmung am
Fest des Heiligen
Franz von Sales
2006

Die Letzteren sind, auf ihre Art, auch ins Geschehen des Hauses 93
miteinbezogen. Sie wählen zu Beginn des Wintersemesters 6 bis
8 Hausräte, die in gemeinsamen Sitzungen mit mir die Anliegen
ihrer jeweiligen Gruppen einbringen. Es ist nicht unerheblich, dass
an solchen Abenden darüber debattiert wird, wie oft es Pizza geben soll und wie dick der Teig sein darf, damit auch den Tessinern
solche Abendessen richtig schmecken. Und es ist beispielsweise
von Bedeutung, dass die Romands für die Sauberkeit ihres Auf-
enthaltsraumes nicht einen Plan von der Hausleitung vorgelegt haben wollen, sondern diesen selber in ihrer Gruppe erstellen. Oder:
Die deutschsprachigen Studentinnen und Studenten forderten einen grösseren Aufenthaltsraum, ergriffen aber auch die Initiative,
diesen selber zu renovieren. Andererseits kann ich an solchen Sitzungen für Änderungen, die im Stiftungsrat beschlossen worden
sind, Verständnis wecken, weil sich die Sachverhalte besser erklä-
ren lassen und die Informationen weitergeleitet werden.

Die drei traditionellen Hausfeste am Nikolaustag, zum Ge-
denktag des Hl. Franz von Sales und das Sommerfest gegen Ende
Mai zeigten in den vergangenen Jahren auf ihre Weise, wie sich die

Atmosphäre des Salesianums seit der Ankunft von Thomas Ruckstuhl und mir zu verändern begann. Denke ich an die ersten dieser Feste zurück, fallen mir unangenehme Szenen ein von übermässigem Alkoholkonsum und den verrauchten, unaufgeräumten Speisesaal anderntags beim Frühstück. Die Angestellte für den Speisesaal beschwerte sich über die Unordnung, für die sie sich nicht verantwortlich fühlte. Nach der Gründung des Hausrates wurde jedes Fest, für das jeweils eine Sprachgruppe verantwortlich ist, vor- und nachbesprochen. Das hatte zur Folge, dass ein echter Wetteifer für die gute Gestaltung der Feste in Gang kam und sich kontinuierlich erhalten hat. Gerne laden wir jetzt unsere Stiftungsräte oder Gäste aus der Universität zu diesen Gelegenheiten ein und schätzen es, wenn diese sich an der Festatmosphäre erfreuen.

Hausleitung heisst im Salesianum vor allem präsent sein, ansprechbar sein, da sein. Zu Beginn meiner Tätigkeit war ich nach einer einwöchigen Abwesenheit erstaunt, dass die Studierenden mein Fehlen festgestellt hatten, ja in einzelnen Rückmeldungen mit leichtem Vorwurf nachfragten, wo ich gewesen sei? Nicht, weil sie etwas von mir gebraucht hätten. Nein. Das blosse Wissen um das Dasein ist für sie wichtig. Seither ist mir bewusst, warum das Wort „Hausmutter" stimmig ist. Eine Kindheitserinnerung wird wach: Kamen wir von der Schule nach Hause, wollten wir die Mutter sehen oder hören. Wussten wir, dass sie da ist, gingen wir sogleich wieder unserer Wege. War sie aber nicht da, waren wir beunruhigt und blieben es, bis sie gefunden war. Die Präsenz einer Hausleitung gibt Orientierung: Insbesondere in problematischen Situationen. So ist es ungeschriebener Teil des Pflichtenheftes geworden, dass ich, wenn immer möglich, zu allen Mahlzeiten während des Semesters im Speisesaal bin, mit den Studierenden zusammen esse und versuche, mit ihnen in Kontakt zu kommen. Mit einzelnen ergibt sich eine lockere Art von Beziehung, sodass mit Leichtigkeit etwas vom Alltag erzählt werden kann. Zu anderen bleibt eine gewisse Distanz, oft aus Scheu, mit einer Leitungsperson überhaupt zu sprechen. Das Eis vermag dann nicht zu schmelzen.

Ein Haus der Kirche prägen

Im ersten Abschnitt meines Artikels beschrieb ich vor allem die Zusammenarbeit mit DSR und den Einbezug der Studierenden als wichtige Faktoren der Hausleitung. Ich wollte dadurch zum Ausdruck bringen, wie die Vernetzung aller dem Haus eine „Seele" gibt. Genauso wesentlich ist die Zusammenarbeit zwischen Thomas Ruckstuhl und mir, dem Begleitteam, im Bereich unserer Hauptaufgabe, der Begleitung und geistlichen Ausbildung der Theologiestudierenden. Da wir mittlerweile eine Generation Studierender vom Anfang ihres Studiums bis zum Abschluss miterlebt haben, lassen sich einige Feststellungen machen.

Es begann damit, dass wir beide bei unserem Start in die neuen Aufgaben nicht willkommen waren. Während unserer Einsetzungsfeier im November 2000 fand gleichzeitig in der Stadt eine Gegenveranstaltung statt. Die protestierenden Studentinnen und Studenten brachten ihre Unzufriedenheit gegenüber dem neuen Konzept der Regenten zum Ausdruck. Sie hätten sich gewünscht, mehr in den Prozess der Umstrukturierung miteinbezogen zu werden. Die Enttäuschung prägte fortan ihr Verhältnis zu uns. Ein Neuanfang oder eine Annäherung zu diesen Studierenden gelang nicht. Tiefes Misstrauen von diesen sich progressiv verstehenden StudentInnen war aber nur eine Seite der Situation. Genauso skeptisch wie diese begegneten uns die Konservativen unter den Studierenden. Diese schimpften mich beispielsweise als „Feministin", wohingegen die anderen fanden, ich sei konservativ, weil ich mich von den Bischöfen hatte anstellen lassen. Nicht anders erging es Thomas. Kaum hatten wir die ersten Atemzüge in Fribourg gemacht, sahen wir uns mit verschiedensten Etiketten umhängt. Viel heikler waren für unser Bestehen aber jene subtilen Situationen, in denen unser Zusammenhalt durch die eine oder andere Gruppe strapaziert wurde. Es galt aufmerksam zu sein gegenüber Vorstössen, die unser Team spalten wollten. Das Fazit nach kurzer Zeit war: In Fribourg kämpfen alle gegen alle. Dazu kam, dass die Kluft unter den TheologiestudentInnen auch auf Seite der Professorenschaft vorhanden war. Es schmerzte regelrecht mitzuerleben, wie die Studienanfänger nach kurzer Zeit in die Verstrickungen hineingezogen wurden. Es gab wenig Raum für sie, erst mal anzukommen und sich ein Bild vom Studium der Theologie zu machen. Es sollte nicht sein, andere und auch die höheren „Semester" erst besser kennen zu lernen. Vom ersten Tag an hiess die Frage sinngemäss: Zu welcher Gruppe gehört deine Seele? Bezeichnenderweise konnten die Studierenden auch nicht miteinander Liturgie feiern. Geschah es doch ab und zu, dann wurde z. B. der Friedensgruss verweigert oder Fürbitten mit Gegenbitten aufgehoben. Thomas hatte für diese Situation in unserer Einsetzungsfeier die Worte gefunden: In jedem Anfang wohnt ein Schauder inne...

Die einzige Möglichkeit, in diesem gewittrigen Klima zu bestehen, sahen wir in der Aufgabe, unter keinen Umständen Grabenkämpfe zu führen, aber umso mehr für alle „Seiten" da zu sein. Wir signalisierten stete Gesprächsbereitschaft, Offenheit viel zuzuhören, um so die einzelnen und die Gruppen wahrzunehmen, selbst wenn darauf mit Schweigen oder weiterer Distanzierung geantwortet wurde. Dieser Ansatz hat sich im Laufe der Jahre als tragend und aufbauend erwiesen. Es wurde klar, dass ein Neuanfang nur mit den Studienbeginnern möglich war. Ihnen wollten wir Raum geben, in dem es nicht vorerst um die Frage ging, wie man kirchenpolitisch eingestellt sei. Es sollte eine Atmosphäre sein, in der es darum geht, sich selber als junge Erwachsene zu verstehen – im Glauben suchend und wachsend – und solches Unterwegssein auch anderen zuzugestehen.

Das mutige Konzept der Regenten hat meines Erachtens die Neubelebung des Hauses und der Begleitung der Theologiestudierenden wirksam unterstützt. Dadurch, dass wir als Mann und als Frau, als Priester und als Pastoralassistentin in unseren Aufgaben stehen und darüber hinaus beide im geistlichen Leben verwurzelt sind, bringen wir Aspekte mit ein, die auch den deutschsprachigen Raum der Schweizer Kirche prägen. Einerseits bringen wir in unsere Zusammenarbeit immer die je eigene Wahrnehmung mit und erfahren daraus Ergänzung, manchmal auch Spannung oder Korrektur. Immer aber ist es ein erweiterter Blickwinkel, der daraus erwächst und auf gemeinsame Wege und Lösungen ausgerichtet ist. Das Gelingen ist mit einem guten Konzept jedoch noch nicht gesichert. Es hängt vor allem davon ab, welchen Respekt wir unseren Verschiedenheiten zugestehen, welche Bereitschaft für ein Miteinander vorhanden ist und dass die Nähe in der Zusammenarbeit auch durch genügend Distanz ergänzt wird. Den Studierenden und allen Hausbewohnerinnen und Hausbewohner begegnen wir als einzelne und als Team. Das heisst für sie, dass sie immer die Wahl haben, mit wem sie ein Anliegen oder ein Problem eher besprechen wollen. Die einen haben zu Thomas den besseren Draht, die anderen wiederum zu mir. Als Team erleben sie uns, wenn sie

Bischof Ivo Fürer
zu Gast im
Salesianum
anlässlich der
Verleihung des
Ehrendoktorates
der Theologischen
Fakultät
(links: Hildegard
Aepli, rechts: Prof.
Franz Mali)

wahrnehmen, dass wir einander informieren oder eine Frage zuerst besprechen wollen, bevor wir antworten oder entscheiden.

Wir haben in den vergangenen sechs Jahren das Salesianum und die Arbeit mit den Theologinnen und Theologen prägen dürfen. Dass es uns geschenkt war, mindestens zwei Jahre in den Anfangsschwierigkeiten auszuharren, ist das eine. Dass es möglich war, mit einigen Studierenden neu anzufangen, ist das andere. Ein wichtiges Drittes aber war die finanzielle Unterstützung, die uns von Anfang an vor allem vom Bistum St. Gallen durch Bischof Ivo Fürer zukam. Dank diesen namhaften Geldern konnten wir längst fällige Renovationen oder Anschaffungen machen, die es auch äusserlich sichtbar werden liessen, dass das Salesianum nicht aufgegeben worden war, sondern weiterhin dem Zusammenleben junger Menschen dienen kann. Wie nötig das Geld zum Gelingen von neuen Konzepten ist, wurde durch die Erfahrung im Salesianum sehr deutlich.

In einem Haus der Kirche zusammenleben

Sucht man auf der Avenue du Moléson das Salesianum, trifft man am Anfang der Einfahrtsstrasse auf eine unscheinbare Anschrift: Convikt Salesianum. Diese Doppelbezeichnung des Hauses der Schweizer Bischöfe birgt ein ganzes Lebenskonzept in sich.

Zunächst weist der Name Konvikt darauf hin, dass es – vom Lateinischen con-vivere her – um das Zusammenleben geht. Zu Beginn eines jeden Wintersemesters stehen die neuen und bisherigen Bewohner und Bewohnerinnen zusammen mit den Verantwortlichen vor der Frage, wie das Zusammenleben in den kommenden zwei Semestern gelingen kann, wo Kontinuität möglich ist, wo Neuerungen anzugehen sind und vor allem, wer wohl die Mitbewohnenden sind? Dabei verstehe ich dieses Zusammenleben als Angebot, als Einladung, sich auf die Eigenart des Hauses einzulassen. Diese zeigt sich mannigfaltig: Im Salesianum wohnen Romands, Tessiner, Deutschschweizer, etliche Studierende aus dem Ausland, Theologen, Priesterkandidaten, Laien, Frauen und Männer und nicht selten Gäste unter einem Dach. Es handelt sich um eine „Suisse miniature" und bietet eine echte Chance, verschiedene Studierende kennen zu lernen, sich auf Leute einzulassen, die täglich im Speisesaal, in Aufenthaltsräumen oder Gängen anzutreffen sind und möglicherweise eine ganz andere Studienrichtung gewählt haben. Wie überall in der Welt finden sich die Studenten zuerst in der eigenen Sprachgruppe ein. Im Speisesaal gibt es eine ungeschriebene Ordnung: die Tessiner sitzen zu acht oder zu neunt an einem runden Tisch (der für fünf Personen gedacht wäre) vorne rechts; die Theologen und Theologinnen besetzen etwa die ersten zwei Langtische in der Mitte, wo je nach Platz auch noch andere Deutschsprachige dazukommen. Die momentan grosse Gruppe der Afrikaner setzt sich gern an den ersten runden Tisch links, und die Romands versammeln sich im hinteren Teil des Saals. Es ist schön, dass es immer wieder Studierende gibt, die sich dann und wann von ihrer Gruppe lösen und mit anderen Kontakt aufnehmen. Zur gesellschaftlichen Auflockerung tragen jeweils auch die Hausfeste bei. An diesen Abenden werden durch eigene Darbietungen in lockerer Atmosphäre und vor allem durch Tanzen Einzelne immer wieder neu wahrgenommen oder entdeckt.

Das Wohnen im Konvikt, das Zusammenleben unter Verschiedenen, bringt naturgemäss auch Konflikte mit sich. Das grösste

Fröhlichkeit und
Ausgelassenheit
gehören zu unseren
Hausfesten

Sorgenkind im Haus sind die kleinen Küchen auf drei Etagen und die Waschküche. Sie geben immer wieder Anlass zu Verärgerung, weil z. B. Sauberkeit und Ordnungssinn zu wünschen übrig lassen, weil ausgehängte Listen nicht beachtet oder weil aus Kühlschränken Dinge entwendet werden. Hausleitung und Hausrat beschäftigen sich jedes Jahr mit derartigen Themen und immer wieder suchen wir nach Verbesserungen. Hie und da überraschen uns Verhaltensweisen einzelner Studierender, oder die Hausordnung ist wieder in Erinnerung zu rufen. Im Grossen und Ganzen bin ich aber sehr zufrieden, wie reibungslos das Zusammenleben von bis zu 90 Menschen unter unserem Dach vonstatten geht.

Der zweite Teil des Namens – Salesianum – will an das Leben und Wirken des Hl. Franz von Sales erinnern und gibt dem Haus geistigen Hintergrund und Fundament. Die Schriften dieses Heiligen sind wahre Quellen und bieten unserer Arbeit auf ihre Weise Nahrung. Allerdings geht der Zeitgeist der säkularisierten Postmoderne auch an uns nicht vorbei. Die Hauskapelle, als „Herz" des Hauses, wird während der täglichen Gottesdienste oder Gebetszeiten zwar fleissig von den Theologen besucht, aber kaum von

Die Gebetsnische
mit der Ikone
„Christus
Friedensfürst"
lädt zum stillen
Verweilen ein

Nichttheologen. Nicht einmal die Hausfeste bringen eine Mehrheit der Hausbewohnenden zur Eucharistiefeier zusammen. Aber die Gebetsnische, wo kleine Kerzen angezündet werden können und wo ein Fürbittbuch aufliegt, ist ein wichtiger Ort für viele. Hier brennen immer Kerzen, und oft schreibt jemand ein Anliegen auf, damit andere mitbeten können. Beim Ausgang der Kapelle ist das trostvolle Gebet des Hl. Franz von Sales zu lesen. Es ermutigt die Bittenden und vor allem diejenigen mit einem unruhigen Herzen:

Wenn dein Herz wandert oder leidet,
bringe es behutsam an seinen Platz zurück
und versetze es sanft in die Gegenwart Gottes.
Und selbst wenn du in deinem Leben nichts getan hast,
ausser dein Herz zurückzubringen
um es wieder in die Gegenwart deines Gottes zu versetzen,
obwohl es jedes Mal wieder fortlief,
nachdem du es zurückgeholt hattest,
dann hat sich dein Leben wohl erfüllt.

Dadurch, dass wir die Kapelle vor zwei Jahren dank einer grosszügigen Spende renovieren konnten, haben wir ein deutliches Zeichen gesetzt. Die Kapelle, als „Herz" des Hauses, soll schön sein, soll einladend wirken, soll Stil und trotzdem Schlichtheit ausstrahlen. Die gläserne Eingangstür will Transparenz zum Wohnbereich im Salesianum anzeigen und damit den Charakter der ständigen Einladung unterstreichen.

Ein Beitrag zur Zukunft der Kirche durch die Theologengruppe

Die Hauptaufgabe des Begleitteams konzentriert sich auf alle deutschsprachigen Theologiestudierenden von Fribourg unabhängig davon, ob diese im Salesianum oder anderswo wohnen, unabhängig davon, ob sie sich schon für eine spätere Tätigkeit in der Seelsorge und im kirchlichen Dienst entschieden haben oder nicht. Der diesbezügliche Auftrag lässt sich kurz fassen: Geistliche Ausbildung und Begleitung. Die Herausforderung dabei heisst: Wie können die Studierenden angesprochen werden, so dass sie die Auseinandersetzung und Vertiefung ihres Glaubens aufgrund der eigenen Erfahrungen als sinnvoll erachten? Wie gelingt es, dass sie sich für diesen persönlichen Bereich öffnen und bereit sind, sich anderen mitzuteilen? Wie kann eine Atmosphäre geschaffen und erhalten werden, die zu solchem Austausch einladend wirkt und worin sich die verschiedensten Standpunkte an- und ernstgenommen fühlen?

Die *Theologengruppe* als Gefäss für die geistliche Ausbildung bildet sich jedes Jahr neu. Zu Beginn des Wintersemesters gibt es eine Einführung für Interessierte, bei welcher sie erfahren, was in dieser Gruppe geschieht, worauf sie sich thematisch und zeitlich einlassen und welche zusätzlichen Aufgaben im Bereich der Liturgie (Sakristanen-, Ministrantendienst, Mitgestaltung einer Feier) oder durch ein Hausamt dazugehören. Für jene, die in den kommenden zwei Semestern mitmachen wollen, sind die Termine verbindlich und die Entscheidung zur Teilnahme liegt bei jedem einzelnen (seit einem Jahr ist für die Studierenden des Bistums Basel die Teilnahme während vier Semestern vorgeschrieben). In der Regel trifft sich die Gruppe dann vierzehntägig zur Eucharistiefeier, anschliessendem Abendessen und einem Impuls zum geistlichen Leben, der vom Begleitteam oder von Referenten vorbereitet und geleitet

Die
Theologengruppe
auf der Wallfahrt zur
Valsainte am Beginn
des Studienjahres
2006

wird. Pro Semester kommen je ein Studientag an einem Samstag dazu, ein besinnliches Wochenende zu Beginn des Sommersemesters und ein Ausflug am Ende des Studienjahres.

In der Gestaltung der *spirituellen Impulse* hat sich die Haltung bewährt, nicht im Vortragsstil zu unterrichten, sondern immer die Ebene der persönlichen Erfahrung zu wecken und durch verschiedene Methoden der Erwachsenenbildung zu erweitern. Es geht dabei nicht um Diskussionen, die verschiedenen Meinungen oder einzelne Kirchenbilder, sondern vorrangig um einen Raum des Vertrauens, in welchem alle mit ihrer Eigenart und dem Stand ihrer Entwicklung Platz finden sollen. Johannes Cassian erfährt diese Haltung auf seiner Suche nach dem vollkommenen Leben durch einen Wüstenvater mittels dieser Worte: „Kümmert euch nicht drum und lasst euch nicht beirren, wenn ihr im Augenblick vieles noch nicht versteht und den tieferen Sinn eines Wortes oder den eigentlichen Grund einer bestimmten Übung noch nicht einsehen könnt. Ahmt einfach nach, was euch vorgelebt wird, statt über alles erst diskutieren zu wollen. Aus der konkreten Erfahrung wird dann die Einsicht erwachsen. Wer mit dem Diskutieren anfangen will, wird nicht ins Wesen der Wahrheit eindringen. Sobald nämlich der Feind bemerkt, dass einer mehr aufs eigene Urteil gibt als auf das der Väter, wird er ihn leicht so weit treiben, dass ihm bald auch schon das Heilsamste und Nützlichste überflüssig und schädlich erscheint." (Johannes Cassian, Gott suchen – sich selbst erkennen, Freiburg im Breisgau, 1993, S. 374). Ein weiteres Hilfsmittel ist das so genannte *Leerbuch*, das wir allen Beteiligten am ersten Abend schenken. Es kann individuell gebraucht werden, kommt aber meistens am Schluss eines Impulses zum Einsatz mit der Aufgabe, etwas von dem festzuhalten, was persönlich wichtig geworden ist. Es geht dabei um die Einübung, für die Fragen oder Einsichten im geistlichen Leben eigene Worte zu suchen und etwas davon aufzuschreiben, ohne zum vornherein zu bewerten und dadurch alles als nichtig zu befinden. Lernen, die eigene Realität wahrzunehmen und anschauen zu können, gehört zur Voraussetzung aller, die mit Menschen arbeiten wollen. Das Lebenszeugnis von Etty Hillesum, die als knapp Dreissigjährige in Auschwitz umgebracht worden ist, beginnt in ihren Tagebüchern so: „Also dann los! Dies ist ein peinlicher und kaum zu überwindender Augenblick für mich: mein gehemmtes Inneres auf einem unschuldigen Blatt linierten Papiers preiszugeben. Die Gedanken sind manchmal so klar und hell in meinem Kopf und meine Gefühle so tief, aber sie aufzuschreiben will mir noch nicht gelingen. Hauptsächlich liegt es, glaube ich, am Schamgefühl. Grosse Hemmungen, getraue mich nicht, die Gedanken preiszugeben, frei aus mir herausströmen zu lassen, und doch muss es sein, wenn ich auf die Dauer das Leben rechtschaffen und befriedigend zu Ende bringen will." (Etty Hillesum, Das denkende Herz, Reinbek bei Hamburg, 1985, S. 13)

Guten Anklang finden seit Beginn unseres Konzeptes die *Exerzitien im Alltag* während der Adventszeit. Drei Schwerpunkte prägen diese besondere Zeit: die Anregung, sich täglich eine persönliche Gebetszeit zu reservieren (zwanzig bis dreissig Minuten) und sich durch die Impulse des Begleitheftes ins Beten führen zu lassen, die gemeinsamen Abende, an welchen neben Stille und Meditation auch Austausch über die gemachten Erfahrungen ansteht und schliesslich zwei Einzelgespräche mit einer Person der Leitung als Möglichkeit, die geistliche Begleitung kennen zu lernen.

Ein kleines, aber für sich sprechendes Ereignis soll zeigen, welche Bedeutung den Exerzitien zukommt. In der Adventszeit 2005 hiess das Thema der Alltagsexerzitien „Jesus begegnen". Nachdem den Studierenden das Begleitheft ausgeteilt worden war, wurden sie gefragt, wie dieses Thema auf sie wirke, welches ihre spontane

Reaktion sei. Die meisten äusserten Zufriedenheit und Interesse. Ein Student sagte, er sei richtig froh um dieses Thema, er studiere unterdessen im vierten Jahr Theologie, aber da komme Jesus gar nicht wirklich vor. Dieser Student wollte damit keine Schelte an seine Professoren erteilen, aber er brachte zum Ausdruck, dass die Wissenschaft zwar viel Weite und viel Licht in den Glauben bringen kann, dass aber die persönliche Beziehung zu Gott und zu Jesus dadurch nicht gleichzeitig geschaffen wird. Diese braucht zusätzliche „Räume", andere Vorgehensweisen und auch Begleitung im geistlichen Gespräch. Die Erfahrung, während vier Wochen Exerzitien im Alltag das persönliche Gebet zu pflegen und gleichzeitig einige Bibelstellen von innen her zu erkunden, wirkt auf die meisten der Teilnehmenden so stark, dass sie einerseits den Vorsatz machen, an diesem Beten dranzubleiben und andererseits – weil der Vorsatz kaum eingehalten werden kann – im kommenden Jahr wieder mitzumachen.

Eine ähnliche Beobachtung entnehmen wir den Rückmeldungen am Ende eines Jahres in der Theologengruppe. Regelmässig wird hier der Wunsch geäussert, einzelne Bereiche noch zu vertiefen, ja überhaupt kommt das Bedürfnis nach grösserer „Tiefe", nach „Mehr" zum Ausdruck. Wir nehmen diesen Wunsch als Aufforderung für die Gestaltung des kommenden Jahres mit. Gleichzeitig hören wir daraus aber auch die Erfüllung eines Ziels, nämlich durch die Theologenabende die Sehnsucht nach grösserer Tiefe, nach weiterem Wachsen und Reifen im eigenen Glauben zu wecken. Gerne erwähnen wir an diesem Punkt die Möglichkeit von Einzelexerzitien. Auch schon bildeten sich aus den Teilnehmenden heraus kleine Spiritualitätsgruppen, die im noch intimeren und geschützteren Rahmen sich regelmässig zu Austausch und Gebet trafen.

Einen wesentlichen Teil der Arbeit mit den Theologiestudierenden bilden schliesslich die *Einzelgespräche*. Diese ergeben sich aus konkretem Anlass oder werden vereinbart. Dazu kommt die geistliche Begleitung. Dieser Teil der Arbeit ist mir sehr wichtig aus der Überzeugung heraus, dass die geistliche Begleitung einen wesentlichen Beitrag an der „Menschwerdung" im Zusammenhang mit dem persönlichen Glaubensleben leistet. In diesen Gesprächen kommen alle Bereiche zusammen: der einzelne Mensch in Beziehung zu sich selber, den Mitmenschen und Gott. Wie es Übung für die Disziplinen der Wissenschaft braucht, ist diese auch nötig, um das persönliche Leben und den eigenen Glauben zur Sprache zu bringen. In einem Gedicht von Hilde Domin heisst es: „dies ist unsere Freiheit, die richtigen Namen nennend, furchtlos, mit der kleinen Stimme" (Hilde Domin, Gesammelte Gedichte, Frankfurt am Main, 1987, S. 240). Darum geht es in der geistlichen Begleitung vornehmlich, dass „Raum" geschaffen wird, um für das eigene Leben Sprache zu suchen und dabei zu erleben, wie befreiend es ist, wenn die Worte zutreffen, wenn sie nicht nur eine Oberfläche oder einen Teil der eigenen Wahrheit benennen, sondern furchtlos das ausdrücken, was die ganze Person samt ihrer Tiefe betrifft. Die Hauptaufgabe als Begleitperson sehe ich darin, für das, was im Gespräch anvertraut wird, für das, was die Suchenden zur Sprache bringen, Zeuge zu sein. Die grösste Herausforderung auf der Suche nach sich selber und nach Gott liegt darin, sich in seinen Stärken und Schwächen immer besser, beziehungsweise genauer kennen zu lernen, wahr zu haben und anzunehmen. Gerne täuschen wir uns damit, dass unser eigentliches Leben erst dann beginnt, wenn wir uns geändert haben werden. Dabei leben wir an unserer Wahrheit vorbei, wir verweigern, uns so anzunehmen, wie wir uns gegenwärtig vorfinden. Wir verschieben unser ersehntes ganzes Leben auf später. „Was nicht angenommen ist, ist nicht geheilt", heisst es wörtlich bei Gregor von Nazianz im Brief 101,32 (Sources chrétiennes 208, 50). Da, wo einem Menschen die Versöhnung mit der eigenen Unvollkommenheit und Begrenzung gelingt, konzentriert sich auch die Kraft. Ein Mensch, der entdeckt, wie angewiesen er auf die Mitmenschen und auf Gott ist, gewinnt an Ausstrahlung. Eine Persönlichkeit bildet sich heran.

Ich schätze darum in Zusammenarbeit mit der Theologischen Fakultät die Möglichkeit, allen Studienanfängerinnen und -anfängern eine Einführung in geistliche Begleitung geben zu dürfen.

Ein „beseeltes" Haus schafft Raum für Kunst

Einer der ersten Besucher aus meinem Bekanntenkreis bemerkte nach dem Rundgang durch das Salesianum, dass er den Eindruck habe, in einem Mausoleum zu sein. Obwohl sich seither beispielsweise die Zimmer noch im gleichen renovierungsbedürftigen Zustand präsentieren, spricht jetzt niemand mehr von einem „toten" Haus. Der Eingangsbereich und der schöne Gang im Parterre

Aufmerksame Gäste
an der Vernissage
2006

konnten ganz zu Beginn renoviert werden und eignen sich ausgezeichnet für Ausstellungen. Seither gelingt es immer wieder, einzelne Künstler oder Künstlerinnen zu bewegen, einige ihrer Werke zur Verfügung zu stellen. Bei der ersten Ausstellung mit Bildern von Schosi Stadelmann fürchtete ich, dass diese von Verständnislosen verunstaltet würden. Dazu kam es nicht. Lediglich im Gästebuch landeten einige giftige Bemerkungen. Der Künstler nahm es verständnisvoll hin und meinte, dass der „Dampf" auch irgendwo abgelassen werden müsste.

Mein persönliches Anliegen mit den Kunstausstellungen: im Haus der Studenten und Studentinnen eine andere Sprache, ein anderes Ausdrucksmittel wirken zu lassen. Auch wenn auf die einzelnen Ausstellungen hin die Echos von Seiten der Hausbewohnenden bescheiden bleiben, bin ich überzeugt, dass die Anwesenheit von Kunst, als Zeichen über das Gegebene und Naheliegende hinauszuweisen, die Atmosphäre mitprägt. Als ich mich bei Bischof Ivo zu Beginn der Zeit im Salesianum etwas beklagte, dass wohl aus dieser Arbeit kaum Früchte zu ernten seien, meinte er ruhig, es gehe nicht nur bei uns, sondern in der Kirche überhaupt ums „Säen". Dieses Wort beruhigte mich sehr und ermutigte mich auch bezüglich der Ausstellungen, immer wieder einen Versuch zu wagen. Ich bin den Künstlerinnen und Künstlern dankbar, die trotz kleiner Nachfrage und wenig Rückmeldung bereit waren, eine Auswahl ihrer Werke zur Verfügung zu stellen.

Folgende Ausstellungen konnten gemacht werden:

2001   Schosi Stadelmann, Sursee
2002   Noël Aeby, Senède
2002   Georgette Aepli-Dessyn Ikonenausstellung in den
       Räumen der Kirche St. Pierre
2003   Franz Hobi, Blitzingen und Zug
2003   Lea Stocker, Medizinstudentin Luzern
2004   Martin Andereggen, Theologiestudent Visp
2005   Elj Jah, jamaikanische Künstlerin, vermittelt durch das
       Projekt Bibel+Orient
2005   Pater Eugen Bollin, Engelberg
2006   Hildegard Aepli

Einen weiteren Raum für Kunst nimmt mittlerweile die Musik im Salesianum ein. Auf der Suche nach einer Gesangslehrerin stiess Thomas Ruckstuhl auf Gladys Fumeaux, die ihrerseits auf der Suche nach einem geeigneten Übungsraum war. Ein solcher kann ihr seither im Salesianum vermietet werden. Regelmässig wird so im Haus gesungen und vereinzelt nehmen Studierende das Angebot von Gesangsunterricht für sich in Anspruch. Angezogen durch diesen schönen Übungsraum mit einem Klavier werden aber auch andere Musikerinnen und Musiker, die im Haus wohnen, sichtbar und hörbar. So konnte eines Tages festgestellt werden, dass wir unter den Studierenden sehr viele musikalische Talente beherbergen. Die Idee einer Serenade nahm Gestalt an. Es sollte ein Abend im Sommersemester sein, an welchem von Leuten des Hauses für die Leute des Hauses musiziert wird. Zweimal hat unterdessen die Serenade stattgefunden und jedes Mal waren es um die zwanzig Leute, die als Solisten oder in kleinen Gruppen musikalische Beiträge darboten. Diese Abende bewegten jedes Mal sehr, weil einerseits verborgene Talente zum Vorschein kamen und sie andererseits ihre Gabe mit den Zuhörenden teilten. Mitstudierende, die vielleicht bisher nur am Rande wahrgenommen wurden, hatten plötzlich einen Namen und ein Gesicht. Es gab neue Anknüpfungspunkte für Gespräche oder das Aufeinander-Zugehen. Die verbindende Kraft der Musik konnte auch im Salesianum wirken.

Franz Mali

Die Universität und das Theologenkonvikt

Wissenschaft und Spiritualität

Da ich als Professor für Patristik an der Theologischen Fakultät der Universität arbeite und zugleich seit mehreren Jahren im Salesianum wohne und mitlebe, haben mich die Herausgeber angefragt, zum Verhältnis von Universität und Theologenkonvikt unter dem Aspekt von Wissenschaft und Spiritualität einen Beitrag zu schreiben.

Ich will diese Beziehung nicht über die Zeit der abgelaufenen 100 Jahre hinweg verfolgen – dazu fehlen mir die Kenntnisse –, sondern ich möchte aus meiner Sicht das Verhältnis von Wissenschaft und Spiritualität, näherhin von Theologie als Wissenschaft und geistlichem Leben miteinander ins Gespräch bringen.

1. Was ist Wissenschaft?

Zunächst also zur Wissenschaft. Was ist sie, worauf baut sie und was ist ihr innerer Antrieb?

Wissenschaft ist institutionalisiertes Wissen, das in aller Regel auf Erfahrung basiert, systematischen Begründungen unterzogen ist und überprüft werden kann (J. Mittelstrass). Zugleich sollen die Aussagen möglichst allgemeingültig, wahr und beweisbar sein. Wissenschaft will vom Konkreten, von mehreren Einzelerfahrungen generalisieren und allgemein gültige Aussagen machen. Wissenschaft lebt davon, „immer wieder neue, vertiefte und verallgemeinerte Fragen aufzufinden und die immer nur vorläufigen Antworten immer von neuem und immer strenger zu prüfen" (K. R. Popper). Wissenschaft erzielt nur Erkenntnisse als Antworten auf Fragen, die zuvor erfunden und gestellt worden sind. „Das innere Worumwillen aller Wissenschaften ist die Erkenntnis von Wahrheit" (B. Casper). Wissenschaft wird also immer mit einem Interesse betrieben: (hoffentlich) der Suche nach Wahrheit, auf jeden Fall aber der Sehnsucht, dem eigenen (Erkenntnis-) Wunsch oder der Neugier nachzugehen: „Das möchte ich gerne wissen!"

Erfahrung ist also die Basis für Wissenschaft. Wissenschaft reflektiert die Erfahrung, abstrahiert von ihr und entwirft eine verallgemeinernde Theorie. Die Erfahrung sagt uns: Die Sonne geht auf und unter. Die überprüfbare Reflexion hat ergeben, dass sich die Erde um sich selbst und um die Sonne dreht. Meine Erfahrungsbeschreibung formuliert also einen (nur) scheinbaren Lauf – der aber meine Erfahrung und mein Sinneseindruck ist –, und diese Formulierung ist spontan, unhinterfragt und vorwissenschaftlich. Die Theorie wird danach wieder durch die neuerliche beobachtende Erfahrung überprüft, vielleicht verfeinert und nachgebessert oder falsifiziert. Die Theorie vom Kreisen der Erde um die Sonne konnte erst im 20. Jahrhundert durch konkrete Beobachtung bzw. Erfahrung überprüft werden.

2. Theologie als Wissenschaft

Auch die Theologie ist eine Wissenschaft, freilich nicht eine Naturwissenschaft, sondern eine Geisteswissenschaft. Dass sie in einer Fakultät an der Universität verankert ist, begünstigt die Diskursfähigkeit der Theologie und fordert alle Fächer heraus, den interdisziplinären Dialog als Chance wahrzunehmen und zu pflegen, damit „der Streit der Fakultäten" (I. Kant) in fruchtbarer Weise gedeiht.

Was ist nun für die Theologie das Objekt der Untersuchung? Gibt es eine Interaktion zwischen ihrem Gegenstand und dem Forschenden oder Lehrer?

a. Was ist Theologie?

Zunächst stellt sich die Frage: Was ist Theologie? Theologie ist Wissenschaft, die die Erfahrung Gottes reflektiert und darin philosophische Fragen als ihre grundlegende Methode anwendet (J. Ratzinger). Christliche Theologie ist somit Nachdenken über das Wort Gottes, das Wort Gottes schlechthin: Jesus Christus, seine Person und sein Leben, seine Beziehungen und sein Wirken – vor und nach seinem Tod, wie ihn die Seinen erfahren haben. Schliesslich ist Theologie eine geistliche, also „spirituelle" Wissenschaft.

Dies sagt zu allererst, dass nicht die Kirche, nicht die Moral, nicht die Bibel die prinzipiellen Untersuchungsfelder der Theologie sind, sondern Gott selbst, nicht weniger und nicht mehr. Zugang dazu bietet die Offenbarung in der Geschichte mit ihrem Zenit in Jesus Christus, dessen Neuheit nach Irenäus von Lyon, „dem eigentlichen Gründer der katholischen Theologie", darin besteht, dass er die Begegnung mit dem Unberührbaren, dem bisher Unerreichbaren, mit dem Vater selbst aufgestossen und die unüberwindbare Mauer niedergelegt hat, die den Menschen vom Sein Gottes und von seiner Wahrheit fernhielt. Reflektiert wird demnach über einen Gott, der dem Menschen und seinem Nachdenken voraus ist und auf ihn zukommt. Nicht eine vom Menschen selbst konstruierte oder ersonnene Wahrheit ist Untersuchungsgegenstand. Nicht eine Wahrheit, die der Mensch selbst produziert, wird überlegt, sondern eine Wahrheit, an der sich der Mensch messen lassen muss. Gottes über-natürliche Wirklichkeit selbst soll darin zur Sprache kommen, denn davon hat auch Jesus gekündet. Die Theologie muss dazu dienen, das metaphysische Suchen offen zu halten.

Jesus als Wort Gottes, als Auslegung Gottes, sein Leben und Wirken, sind von solch unerschöpflichem Reichtum, dass er selber es ausdrücklich dem Heiligen Geist überlässt, diese Fülle auszudeuten, der denen geschenkt wird, die ihm nachfolgen und seine Zeugen sind (Joh 16,13).

Nach Immanuel Kant sind Gedanken ohne Inhalt leer und Anschauungen ohne Begriffe blind. Oder nach Thomas von Aquin kann Gotteserkenntnis nicht unter Ausklammerung der Sinne geschehen. Auch der Weg, Gott zu denken, geschieht über das Wahrnehmen der Sinne und wird durch sie vermittelt. Nur von der durch die Sinne eröffneten Erfahrung her kann der Weg zum Glauben gefunden werden.

Zugleich ist klar, dass Gott der je Grössere (semper maior) ist, dass die Wirklichkeit Gottes grösser ist als unsere Erfahrungen, auch als unsere Gotteserfahrung, ja dass sie sogar all die Fragen des Menschen sprengt und eine fortwährende Ausweitung seiner Fragen bedingt.

Die Hl. Schrift und viele folgende religiöse Literatur sind eine reiche Dokumentation von Zeugnissen der Gotteserfahrung vieler Menschen und ihres Nachsinnens über viele Jahrhunderte hinweg. Theologie reflektiert diese festgehaltenen und überlieferten Erfahrungen und bietet an, die eigene Erfahrung damit in Bezug und ins Gespräch zu bringen.

Theologie hat im weitesten Sinne Wortcharakter: Sie drängt darauf, kommuniziert zu werden und wartet auf einen Hörer. Insofern ist Theologie angelegt auf eine Gemeinschaft unter Hörern, denn jeder Lehrer ist seinerseits zugleich auch Hörender des Wortes Gottes: Jesus Christus.

b. Erinnerung und „Vergegenwärtigung" der Geschichte Christi

Christliche Theologie ist die Reflexion eines geschichtlichen, nicht eines mystischen Glaubens. „Sie muss die fundamentale geschichtliche Erinnerung Christi ‚vergegenwärtigen', um die Gegenwart in ihrem Licht zu deuten und die Zukunft, die in jener geschichtlichen Vergangenheit angelegt ist, zu eröffnen" (J. Moltmann). Diese Vergegenwärtigung der geschichtlichen Erinnerung Christi und der Tradition seines Evangeliums ist für Jürgen Moltmann „eine lebenswichtige Aufgabe der christlichen Theologie."

c. Theologie muss „verheutigen"

Nicht nur im Zusammenhang mit dem Zweiten Vatikanischen Konzil ist das *aggiornamento* zu einem geflügelten Wort geworden. Auch die Theologie ist in die Gegenwart hineingestellt, die „eine Gabe und nicht nur eine Aufgabe der christlichen Theologie" ist. „Gegenwart" meint dabei nicht einfach die heutigen Jahre, sondern den heute und nur heute gegebenen Kairos. Eine Theologie, die ihre „Gegenwart" in diesem Sinne entdeckt und findet, ist wahre christliche Theologie. Kein Theologe hat diese Dimension der „Gegenwart" in der Hand. Keiner kann sie herstellen. Aber jeder kann danach suchen und sich für die rechte Zeit öffnen. Jeder kann die Zeitzeichen wahrnehmen und deuten. Jeder kann die Leiden dieser Zeit spüren und an ihnen teilnehmen und dadurch zum „Zeitgenossen" werden (J. Moltmann).

d. Wer ist ein Theologe?

Nach Dionysius Areopagita (Ende 5. Jh.) ist ein Theologe nicht jener, der über Gott reflektiert und mit dem Verstand nachdenkt, sondern jener, der von Gott kündet, ein Gottes-künder: ein Theologos. Und die hl. Schrift ist die Theo-logia, die Rede Gottes in

Menschenwort: Gott ist Subjekt, die Schrift lässt Gott selber sprechen. Insofern ist die Bibel Modell aller Theologie und die sie tragenden Menschen sind Massbild des Theologen, der seiner Aufgabe nur in dem Mass gerecht wird, als er Gott selbst Subjekt sein lässt.

Der Theologe ist demnach Zeuge und muss bereit sein, „jederzeit Rechenschaft" über sein Zeugnis und damit über seinen Glauben ablegen zu können (1 Petr 3,15). Wenn er als Zeuge in die Gegenwart hineinspricht, was der Gott Christi hier und heute meint, dann wird seine Gott-Rede (Theo-logie) die Ganzhingabe in sich tragen, um vor der Welt glaubhaft zu sein (H. U. von Balthasar).

Befruchtet haben das Leben der Kirche nur TheologInnen, die sich um die Einheit von Heiligkeit und Zeugnis abgemüht haben. Oder anders gesagt: „Wo eine Wissenschaft, die sich als Theologie bezeichnet, aufhört, in der Nachfolge des apostolischen Zeugnisses, und damit in der Sendung Jesu und der sie tragenden Heiligkeit, zu sein, hat sie aufgehört, für den kirchlichen Glauben belangvoll zu sein" (H. U. von Balthasar).

Vielleicht war es mit Abaelard (†1142), dass die Theologie erstmals aus dem Lebensraum des Klosters in den Hörsaal akademischer Neutralität trat. Trotzdem war auch in den folgenden Jahrhunderten immer klar geblieben, dass man Theologie nur im Kontext einer entsprechenden geistlichen Praxis und mit der Bereitschaft studieren kann, sie gleichzeitig als Lebensanspruch zu verstehen. „Aber so wie man schwimmen nicht ohne Wasser lernen kann und Medizin nicht ohne den Umgang mit den kranken Menschen, so kann man Theologie nicht erlernen ohne die geistigen Vollzüge, in denen sie lebt" (J. Ratzinger).

3. Spiritualität

Damit sind wir beim Vollzug des Glaubens angekommen. Für Josef Sudbrack ist die „Frage, wie der Mensch aus seinem christlichen Glauben heraus sein Leben zu leben hat", gleichsam die Kurzformel christlicher Spiritualität. Klaus Hemmerle überschreibt seine Schriften zur Spiritualität mit dem Titel: „Wie Glauben im Leben geht". Es ist also die Lebenspraxis des Glaubens im Heute, die Spiritualität bestimmt. Dabei durchzieht eine Spannung die christliche Spiritualität: die Spannung zwischen der Botschaft, die den

Namen Jesus Christus trägt, und der Aktualität, die Gottes Geist dieser Botschaft in jeder Zeit geben will. Nicht nur zur Zeit Jesu, auch heute ruht christliche Existenz vor allem auf der Begegnung mit Gott, auf der Erfahrung von Gott.

a. Blick auf den gesamten Menschen

Dabei hat Spiritualität die gesamtmenschliche Wahrnehmung im Blick, nicht nur die rationale Reflexion; den Weg zur christlichen Spiritualität findet man „nur im Gleichgewicht zwischen Geist und Gefühl, zwischen Reflexion und Erfahrung, zwischen Kopf und Herz" (J. Sudbrack).

b. Der einzelne Mensch wird ganz ernst genommen

Im Gegensatz zur Wissenschaft will Spiritualität „vom Allgemeinen zum Konkreten, vom System zum Individuum, von der Logik zur unausschöpflichen Tiefe der Person" kommen, wobei „die (bleibende!) Liebe zu umfassenden Entwürfen zu verbinden (ist) mit einer liebenden Hochachtung vor konkreten Tatsachen und mehr noch vor dem einzelnen Menschen, der in keinen noch so umfassenden Entwurf eingeht" (J. Sudbrack).

Dieses prioritäre Ernstnehmen der einzelnen Person charakterisiert entscheidend den Unterschied zwischen Wissenschaft und Spiritualität. Auch wenn die Wissenschaft mit ihren möglichst allgemein gültigen Aussagen den Eindruck erweckt, grosse Horizonte zu eröffnen, ist sie darauf angelegt, Gesetzmässigkeiten, Regeln, bestimmte generalisierbare Verhaltensweisen zu identifizieren. Sie will gerade nicht die Freiheit eröffnen, sondern die Regel festhalten.

Die Spiritualität hingegen zielt auf den Menschen und seine Freiheit. Nach Emmanuel Levinas begegnet der Mensch nur im konkreten „Antlitz" des Anderen wahrer „Unendlichkeit". Denn im Anderen tritt mir unverfügbare Freiheit entgegen: Was dinglich „endlich" bleibt (der andere Mensch), strahlt wahre „Unendlichkeit" aus. Denn in ihr lebt unverfügbare Freiheit, die kein anderes Denken und Erfahren einholen kann, sondern die nur bejaht werden kann.

Dieser unverfügbaren Freiheit, diesem „Unendlichen" begegnet der Mensch nur im „Geschenk" (sprich „Gnade"), das der „Andere" ihm frei gewährt. Das gilt schon auf zwischenmenschlicher

Ebene und gipfelt in der Begegnung mit dem lebendigen Gott. Ignatius von Loyola, der Gründer des Jesuitenordens, war geprägt von dem Wissen: „Gott ist je grösser"; Wilhelm von Saint-Thierry, dass der Gottsucher vielleicht „manchmal zu dieser Schau des Angesichtes Gottes zugelassen wird"; in der Hl. Schrift wird von Gott wiederholt gesagt: „Er geht vorüber" (Ex 12,27). Jesus weist nach seiner Auferstehung Maria zurück: „Halte mich nicht fest!" (Joh 20,17); über die Jünger in Emmaus erzählt Lukas: „Dann sahen sie ihn nicht mehr" (Lk 24,31); oder Mose wird gesagt: „meinen Rücken kannst du sehen" (Ex 33,22f).

Dazu gehört auch, dass die Freiheit des Gegenübers angenommen wird und der Erfahrende sich führen lässt, wohin er vielleicht nicht will (vgl. Joh 21,18). Es kann sogar vorkommen, dass es die „Nichterfahrung" gibt, die auf eine neue Ebene bringt.

c. Spiritualität muss vererdet sein

Christliche Spiritualität ist im wörtlichen Sinne „radikal", d.h. verwurzelt, verwurzelt in der Erde. Da sein zentraler Inhalt ist, dass Gottes Wort Fleisch geworden ist (Joh 1,14), muss auch der Glaube „geerdet" werden; es handelt sich schliesslich um einen Glauben, der den Menschen, die Erde, das Leben und der den Leib liebt. Einen Zugang zu Gott gibt es nur über das bleibende irdische Wirken Jesu von Nazareth, der als Auferstandener seine Wundmale vorweist als Beglaubigung seiner Identität mit dem Gekreuzigten.

d. Spiritualität braucht die Reflexion der Erfahrung

Die Erfahrung – und sei es die tiefste spirituelle Erfahrung – bedarf der Reflexion. Sie ist nicht das Ziel der Spiritualität: „Wer aus der Erfahrung Gottes ein abschliessendes Ziel macht, interessiert sich für seine eigene Psychologie... Die Erfahrung, sich selbst überlassen, hat mit zu wenigem genug", hebt Rémi Brague hervor. Die Erfahrung ist ein Weg, der sich ständig weiten soll, nicht das Ziel. Dafür genügt sie nicht.

Vollmenschlich wird eine meditative Erfahrung erst zusammen mit hinterfragender Reflexion: Die persönliche Betroffenheit muss sich objektiven Massstäben stellen, wenn es um Fragen des Daseins und den Sinn des Lebens geht. „Reflexion ohne subjektive Betroffenheit ist nicht personal. Doch Meditation als ‚nur'-Weg nach Innen, am Objektiven vorbei, hypostasiert Gefühle und setzt sich der Manipulation aus" (J. Sudbrack).

Gott ist immer grösser als die menschliche Erfahrung. Auch die Antwort, um die es im Glauben geht, sprengt das menschliche Fragen und überbietet es. Es braucht immer wieder neues Fragen und neue Erfahrung, einen Erfahrungsweg, der zu Gott führt, denn nicht unsere Erfahrung ist das Ziel, sondern Gott selbst.

e. Wovon lebt christliche Spiritualität?

„Christliche Spiritualität lebt von reflektierender Unmittelbarkeit und von kontinuierlicher Übung" (K.-F. Wiggermann). Die erste Form dafür ist das private und gottesdienstliche Beten. Teil dieser Übung ist ihre Regelmässigkeit und Kontinuität, sei es im täglichen oder wöchentlichen Leben, sei es allein oder in Gemeinschaft, die dazu hilft, vor und zu Gott hin offen zu werden. Die geistlichen Übungen des Ignatius sind eine solche Übungsschule, die gerade die Unmittelbarkeit der Erfahrung und die Regelmässigkeit mit einschliesst.

Spiritualität soll münden in das Gespräch mit Gott, nicht – wie die Theologie es macht – über Gott. Ignatius fordert in den Exerzitien, dass der Übende mit Jesus, mit ihm am Kreuz, konkret ins Gespräch eintritt (Exerzitienbuch 53f).

4. Zum Verhältnis von Theologie und Spiritualität

In einer grossen Tageszeitung fand ich das Feedback von Studenten an der Universität: „Gott spüre ich nicht durch die Professoren." Oder: „Keine Begleitung auf der Wahrheitssuche".

Dass sich die Theologie auf Erfahrung hin zu öffnen hat, ist noch nicht überall verbreitet. Es braucht eine Synthese von Theologie und Spiritualität, und das auf Seiten der Lehrenden wie auch der Studierenden.

a. Synthese im Vollzug

Für Josef Sudbrack zeigt seine Erfahrung, „dass die Konfrontation des gläubigen Christen mit entsprechenden theologischen Erkenntnissen erst dann überzeugend und fruchtbar ist, wenn sie von der Ebene des Denkens auf die des Vollzugs überführt wird, wenn gezeigt wird, dass die neue theologische Erkenntnis noch tiefere spirituelle Betroffenheit weckt als die alte, liebgewonnene."

Wenn ich das Gefäss der Theologie nur von aussen betrachte, vielleicht noch den Inhalt mit allen zur Verfügung stehenden Methoden analysiere, dann habe ich noch nicht davon gekostet. Für Ignatius ist aber genau das der entscheidende Schritt: „Denn nicht das Vielwissen sättigt die Seele und gibt ihr Genüge, sondern das Fühlen und Kosten der Dinge von innen" (Exerzitienbuch 2).

Die alleinige Wissenschaft bleibt unbefriedigend, wenn sie nur ein Fotografieren des Gartens aus dem Helikopter des Beobachters ist. Den Duft des Gartens und die Schönheit der Blumen kann ich nur geniessen, wenn ich drin bin. Der Fotoapparat riecht nicht, und noch weniger der Blick aus dem Helikopter, in dem ich darüber hinweg fliege. Ich muss mit meiner Nase an die Rose herangehen und warten, bis die Blüte ihren Duft freigibt.

b. Primat der Erfahrung vor der Theorie

Für den Mystiker Meister Eckhart (†1328) normiert das Handeln bzw. die Spiritualität das Denken. Aus der Betrachtung heraus entfaltet er die Theologie. Gleichzeitig ist er geradezu besessen von dem Drang, sein Erfahrungswissen philosophisch zu reflektieren und weiterzugeben. Sein ganzes Werk ist ein Niederschlag der theologischen Reflexion über Gotteserfahrung. Gerade seine mystische Erfahrung und die anbetende Ehrfurcht vor Gott beseelen ihn, in Dialog mit anderen Menschen zu treten und sich mitzuteilen. Der Zisterzienserabt Wilhelm von Saint-Thierry (†1148) bekennt: „Gott zu begreifen, sind wir ganz und gar unfähig. Aber er, den wir lieben, vergibt uns. Und obwohl wir bekennen, dass wir von ihm weder würdig sprechen noch über ihn würdig denken können, werden wir dennoch durch seine Liebe aufgerufen und angetrieben, von ihm zu sprechen und über ihn nachzudenken." Wahres „mystisches Schweigen" verweigert nicht den Dialog.

Die Aufgabe der Spiritualität ist es, die „meditative" Brücke zu schlagen zwischen der theologisch dargebotenen Botschaft und der Erfahrung. Diese Brücke braucht auf beiden Seiten Fundamente: auf der einen Seite die Reflexion im Kopf und auf der anderen Seite die Erfahrung im Herzen.

Spiritualität ist gleichsam der Transmissionsriemen – um ein anderes Bild zu gebrauchen – zwischen Theologie und Leben.

c. Das rechte „Erkennen"

Ignatius fordert in seinem Exerzitienbuch regelmässig dazu auf, um das zu bitten, „was ich begehre". Das erinnert an das Prinzip der Wissenschaft, dass es nur Antworten auf zuvor gestellte Fragen gibt; Erfahrung wird nur dort als solche wahrgenommen, wo eine geistige Vorgabe da ist, die Erfahrung erst möglich macht. Dies führt zu einem schrittweisen, portionierten, meinen Fähigkeiten entgegenkommenden Erkennen; einem Erkennen, das offen ist für Gott, der uns zuerst geliebt und seinen Sohn zu uns gesandt hat, damit wir durch ihn leben (1 Joh 4,9). Da Gott die Liebe ist, kann ihn nur erkennen, wer ihn liebt: „Wer nicht liebt, hat Gott nicht erkannt; denn Gott ist die Liebe" (1 Joh 4,8).

Diese Liebe ist nach Ignatius das Ziel des Lebens, die wesentlich „mehr in die Werke gelegt werden muss, als in die Worte" (Exerzitienbuch 231). „Sie vollzieht sich in der Mitteilung des Schöpfers an das Geschöpf und in der Antwort des Geschöpfes an den Schöpfer. Sie besteht darin, immer mehr zu erkennen, wie Gott mich gutheisst, wie er uns Menschen ehrt, und was er für uns tut, wie er uns dient", wie Gott sich anstrengt, sich müht um jeden einzelnen Menschen und ihm sich anbieten zu dürfen.

Die geistlichen Übungen des Ignatius zielen darauf, den Menschen, der sich diesen Übungen unterzieht, in eine immer tiefere Erkenntnis Jesu Christi des Herrn zu führen, um ihn mehr zu lieben und ihm nachzufolgen.

5. Nachfolge

Für Dietrich Bonhoeffer, der in der bekennenden evangelischen Kirche Hitler und seinem Regime bis aufs Blut Widerstand leistete und für die Freiheit kämpfte, sagt Jürgen Henkys in Bezug auf die Freiheit: „Blosse Erwägungen in Sachen Freiheit ohne die Übernahme des Weges verfehlen sie." Deshalb verlangt die Freiheit, den Weg zu übernehmen.

a. Auf die Nachfolge kommt es an

Der hl. Antonius der Einsiedler folgte dem Ruf Christi, der ihm in der Verkündigung des Evangeliums in der Liturgie zusprach, „als ob seinetwegen die Lesung erfolgt sei" (Vita Antonii 2). Daraufhin versorgte er seine Schwester, verliess alles und zog an den Rand der Wüste.

Auch Franz von Assisi vollzog die Nachfolge in ganz wörtlichem Sinne, liess alles hinter sich, auch seine Kleider, die er am Leibe trug, und begann eine Kapelle zu restaurieren: „Baue mein Haus wieder auf!" Die Reflexion folgte bei beiden sehr viel später. Ausdrücklich warnte er „vor der Weisheit dieser Welt und der Klugheit des Fleisches": „der fleischliche Geist trachtet nämlich mit allen Mitteln danach, Worte zu haben, aber um die Verwirklichung kümmert er sich wenig" (1. Regel). Franz von Assisi ging es dabei vor allem um die Verwirklichung der Nachfolge. Um jeden Preis will er eine Verkürzung auf die intellektuelle Reflexion vermeiden.

b. Ohne Nachfolge kein Christentum

Nachfolge ist der Weg, hinter Jesus her zu laufen. „Nachfolge ist Bindung an Christus; weil Christus ist, darum muss Nachfolge sein", schreibt Dietrich Bonhoeffer lapidar. „Ein Christentum ohne den lebendigen Jesus Christus bleibt notwendig ein Christentum ohne Nachfolge, und ein Christentum ohne Nachfolge ist immer ein Christentum ohne Jesus Christus; es ist Idee, Mythos. Nur der Mittler Jesus Christus, der Gottmensch, kann in die Nachfolge rufen. Nachfolge ohne Jesus Christus ist Eigenwahl eines vielleicht idealen Weges, vielleicht eines Märtyrerweges, aber sie ist ohne Verheissung. Jesus muss sie verwerfen", fügt Bonhoeffer sehr grundsätzlich hinzu. Nachfolge ist demnach lebendiges Blut des Christentums, ohne sie ist das Christentum nur blutleere Idee.

Die Bedeutung der Nachfolge geht so weit, dass wir die Sache des christlichen Glaubens – Gottes Offenbarung in Jesus Christus – nur deshalb kennen, weil Menschen ihm geglaubt haben und ihm nachgefolgt sind. Das Evangelium gäbe es nicht ohne Nachfolge.

c. In der Nachfolge liegt der Ort der Theologie

„Nachfolge ist die Erschliessungs- und Vermittlungssituation für das Evangelium" (K. Hemmerle). Da das Evangelium Ruf zur Nachfolge ist, kommt es erst bei jenen Menschen ganz an, die diese Nachfolge verwirklichen. Der entsprechende Hörer des Wortes Jesu ist also der ihm Nachfolgende. Nicht nur die Botschaft Jesu prägt die Existenz des Nachfolgenden, sondern er ist auch der Interpret des Evangeliums, weil er in es eintaucht. Erst durch Menschen, die ihm nachfolgen, leuchtet es. Nur ein Theologe, der in der Nachfolge steht, kann ein entsprechender Exeget des Evangeliums sein. „Wo solches Ineinander und Füreinander des Evangeliums und des Menschen kraft der Nachfolge, wo solche gegenseitige Interpretation und Integration sich selber hell sind, da erst ist Theologie im vollen Sinne da" (K. Hemmerle). Der Ort der Theologie ist die Nachfolge; Theologie ohne Nachfolge „unterbietet ihr Mass", schreibt K. Hemmerle vornehm höflich.

d. Die Nachfolge ist der Ort der Spiritualität

Die Lebenspraxis, die Prägung des eigenen alltäglichen Lebens durch den Glauben ist Spiritualität. Als Dietrich Bonhoeffer Studiendirektor des geheimen, vor den Nazis verborgenen Predigerseminars der Bekennenden (evangelischen) Kirche im pommerschen Finkenwalde (heute Szczecin-Dębie) war, zeigte er mit Hilfe fester Zeiten für Morgen- und Abendgebet sowie für Meditation und Schweigen den angehenden Theologen, dass nicht allein Fachwissen, sondern dass ebenso der gemeinsam gelebte Glaube imstande ist, der menschenverachtenden Ideologie der Nazis und ihrer Gefolgsleute entgegenzutreten.

e. Die Nachfolge als Weg

Die Nachfolge als geistliche Erfahrung kann als ein Unterwegs-Sein gedeutet werden. Sie findet über längere Zeit statt, oft in Etappen oder auf einem neuen Weg. Nachfolge und christliche Mystik sind untrennbar verbunden mit dem meditierenden und betenden Umgang mit der heiligen Schrift. Wo diese Kommunikation mit dem Gott und Vater unseres Herrn Jesus Christus einen hohen Grad der Intensität und Vertrautheit erreicht, wo der Betende zur Ruhe kommt und darin – wenn auch nur für kurze Zeit – verweilen kann, da ereignet sich Kontemplation, da geschieht mystische Erfahrung im christlichen Verständnis.

Diesen Nachfolgeweg beschreibt der Kartäuserprior Guigo (†1193) mit Hilfe von vier Stufen: der Lesung der Schrift – der Meditation – des Gebetes – der Beschauung Gottes: „Die Lesung sucht die Seligkeit des ewigen Lebens, die Meditation findet sie, das Gebet erfleht sie, die Kontemplation verkostet sie. Die Lesung bietet dem Mund feste Speise dar, die Meditation verdaut und zerkleinert sie, das Gebet zieht daraus den Wohlgeschmack, die Beschauung ist die Erfüllung selbst, die Freude bereitet und erfrischt."

Oder Wilhelm von Saint-Thierry schreibt an seine Mönche: „Andere sollen Gott dienen, ihr aber sollt ihm anhangen. Andere sollen an Gott glauben, von ihm wissen, ihn lieben und verehren. Ihr aber sollt ihn verkosten, innerlich begreifen, erkennen und geniessen. Etwas Grosses ist das und etwas Schwieriges. Aber der in euch ist, ist allmächtig und gut."

Der Weg der Nachfolge ist schwierig, aber mit der Hilfe Gottes ist er begehbar, denn Jesus geht voraus und ruft. Sodann braucht es die Bereitschaft und den Entschluss, auf den Ruf einzugehen; weiter die dynamische Einholung des Weges des Herrn in den eigenen Weg und schliesslich das Eingehen in die Liebesgemeinschaft, ja Einheit mit ihm (K. Hemmerle), in das Verkosten und Geniessen.

f. Nachfolge ist die Bereitschaft, Gott wirken zu lassen

In Exerzitien geht es um die tiefere Erkenntnis Jesu Christi und die Bereitschaft, ihn an mir handeln zu lassen. Ignatius sieht für den Exerzitanden die Bitte „um die innere Erkenntnis des Herrn" vor, „der für mich sich zum Menschen gemacht hat, dazu hin, dass ich jeweils mehr ihn liebe und ihm nachfolge" (Exerzitienbuch 104). Es geht also um die Bereitschaft, Jesus wirken zu lassen, sein Handeln anzunehmen und sich umgestalten zu lassen, um mehr zu lieben. Nachfolge heisst hier, mich bereit zu machen, die volle Lebensentfaltung, die Gott mir vorbereitet hat, an mir geschehen zu lassen, zugleich auch das Loslassen, das hier das ganze Empfangen ist, zu verwirklichen. Darin liegt das tiefste Mitsein mit Christus.

6. Universität und Theologenkonvikt

Am Ende dieser Ausführungen will ich doch noch auf das Verhältnis von Universität zu Theologenkonvikt zu sprechen kommen, wie es im Titel anklingt. Zunächst allerdings noch zur Universität.

a. Universität

Wie oben gezeigt, ist der Ort der Theologie auf dem Weg der Nachfolge zu platzieren. Nur dort hat sie ihren entsprechenden Platz und geht in die gute Richtung.

Die letzte Aufforderung Jesu an seine Jünger im Matthäusevangelium ist ein Hinweis für Lehrer: Sie sollen zu „Theo-logen" werden, zu Gotteskündern, zur zweiten Stimme Jesu: „Lehrt sie, was ich euch geboten habe" (Mt 28,20). In der Apostelgeschichte ist das letzte Wort Jesu: „Ihr werdet meine Zeugen sein" (Apg 1,8).

Dabei ist es nicht „die übertragene amtliche oder erworbene fachliche Kompetenz, sondern die vorrangige Praxis der Nachfolge Jesu" (G. Vergauwen), die den Glaubenden in seine Verantwortung für die Hoffnung ruft, die ihn erfüllt (1 Petr 3,15). Zugleich hat die Theologie als Wissenschaft die Freiheit, den sachlichen Erfordernissen der Wissenschaftlichkeit folgen zu dürfen.

b. Studien-„begleitung" im Theologenkonvikt

Da die Erfahrung jeder Reflexion vorausliegt und wir gezeigt haben, dass die Theologie einen gegebenen Glaubensinhalt oder eine Glaubenserfahrung reflektiert, stellt sich die Frage nach der Priorität:

Hat die Theologie den Primat über die Spiritualität (Studienbegleitung) oder müsste es nicht umgekehrt sein: Primat der Spiritualität vor der Theologie?

Die Theologie ist die *fides quaerens intellectum*, schrieb einst Anselm von Canterbury. Er schrieb nicht: „Intellectus quaerens fidem" (Theologie sei der Verstand, das den Glauben sucht). Insofern liegt der Theologie – und besonders der Theologie als Nachfolge – der Glaube und die Erfahrung voraus. Folglich hätte das Konvikt Vorrang: Es bemüht sich um das Angebot, Glaubenserfahrung zu fördern, Spiritualität zu praktizieren, in Gebet, in Liturgie, in sozialen Einsätzen u.v.a. Das Konvikt bietet die geistliche Ausbildung und Begleitung der Glaubenserfahrung an, die danach reflektiert wird.

c. Plädoyer

Theologie, Spiritualität und Nachfolge durchdringen einander, sie sind nicht nur komplementär zueinander, sondern Spiritualität und Theologie, Praxis und Reflexion spielen einander den Ball zu im grossen Raum der Nachfolge. Spiritualität und Theologie sind aufeinander verwiesen. Das Miteinander kann sich als sehr fruchtbar erweisen, im Austausch können alle vorteilhafte und nützliche Fortschritte erzielen.

Spiritualität kann in eine Schieflage geraten, wird sie nicht in der Theologie reflektiert, Theologie magert ab zu ausgetrocknetem Skelett, wird sie nicht durch die Spiritualität mit Fleisch umhüllt. Insofern kann ich nur für eine intensive Zusammenarbeit von Konvikt und Universität plädieren, wobei beide zugleich die Autonomie des jeweils anderen respektieren.

7. Schluss

Wie Dietrich Bonhoeffer festhält, ist an Petrus zweimal der Ruf ergangen: Folge mir nach! „Es war das erste und das letzte Wort Jesu an seinen Jünger (Mk 1,17; Joh 21,22). Sein ganzes Leben liegt zwischen diesen beiden Rufen" (Nachfolge 15f), ein ganzes Jüngerleben in der Nachfolge Christi, in dessen Mitte das Bekenntnis zu Jesus als dem Christus Gottes steht.

So will auch ich dieses Nachdenken und Leben in den Raum gleichsam zwischen diese beiden Rufe stellen: in den Raum der Schülerschaft, in den Raum des Kennenlernens und Ringens, der Begeisterung und des Verrats, des Unverständnisses und des Verziehen-Werdens, der personalen Nachfolge und Hingabe – Nachfolge und Hingabe, die zum liebevollen Tun der Wahrheit führen sollen (Joh 3,21) und die annehmen, von einem anderen geführt zu werden (Joh 21,18).

123

Zitierte Literatur

Anselm von Canterbury: *Proslogion*. Untersuchungen. Lat.-dt. Ausgabe von P. Franciscus Salesius Schmitt. 3. unveränderte Aufl. Stuttgart-Bad Cannstatt 1995 (frommann's studientexte 2).

Athanasius von Alexandrien: *Vita Antonii*. Hrsg. und mit einer Einleitung versehen von Adolf Gottfried, übers. von Heinrich Przybyla. Graz-Wien-Köln 1987.

Hans Urs von Balthasar: Theologie und Heiligkeit. In: *Internationale katholische Zeitschrift* 16 (1987) 483-490.

Dietrich Bonhoeffer: *Nachfolge*. Mit einem Nachwort von Eberhard Bethge. München 1985.

Rémi Brague: Was heisst christliche Erfahrung? In: *Internationale katholische Zeitschrift* 5 (1976) 481-496.

Bernhard Casper: Die Bedeutung der Lehre vom Verstehen für die Theologie. In: Bernhard Casper, Klaus Hemmerle, Peter Hünermann: *Theologie als Wissenschaft. Methodische Zugänge.* Freiburg-Basel-Wien 1970 (Quaestiones disputatae 45) 9-53.

Die Schriften des hl. Franziskus von Assisi. Einf., Übers., Erl. von Engelbert Grau. 9. Aufl. Werl / Westf. 1994 (Franziskanische Quellenschriften 1).

Guigues II le Chartreux: *Lettre sur la vie contemplative (l'échelle des moines). Douze méditations.* Introd. et texte critique par Edmund Colledge et James Walsh ; trad. par un chartreux. Réimpr. de la 1ère éd., revue et corr. Paris 2001 (Sources chrétiennes 163).

Klaus Hemmerle: *Theologie als Nachfolge. Bonaventura – ein Weg für heute.* Freiburg-Basel-Wien 1975.

Ignatius von Loyola: *Die Exerzitien.* Übertragen v. Hans Urs von Balthasar. 12. Aufl. Einsiedeln-Freiburg 1999.

Emmanuel Levinas: *Totalität und Unendlichkeit. Versuch über die Exteriorität.* Übers. von Wolfgang Nikolaus Krewani. 2., unveränd. Aufl. Freiburg 1993.

Jürgen Mittelstrass: Art. Wissenschaft/Wissenschaftsgeschichte/Wissenschaftstheorie I. Philosophisch. In: *Theologische Realenzyklopädie* 36 (2004) 184-200.

Jürgen Moltmann: *Was ist heute Theologie?. Zwei Beiträge zu ihrer Vergegenwärtigung.* Freiburg 1988 (Quaestiones disputatae 114).

Karl R. Popper: *Die Logik der Forschung. Zur Erkenntnistheorie der modernen Naturwissenschaft.* Hrsg. von Herbert Keuth. 11. durchges. u. erg. Aufl. Tübingen 2005 (Gesammelte Werke 3).

Joseph Kard. Ratzinger: *Theologische Prinzipienlehre. Bausteine zur Fundamentaltheologie.* München 1982.

Josef Sudbrack: *Gottes Geist ist konkret. Spiritualität im christlichen Kontext.* Würzburg 1999.

Guido Vergauwen: „Wissenschaft und Weisheit: Die Verantwortung des Gelehrten". Thesen zum Kolloquium. In: Alois Schifferle (Hrsg.): *Verantwortung und Freiheit. Vocation spirituelle de l'université. Beiträge zur geistigen Situation der Zeit. Aus Anlass des 100jährigen Bestehens der „Gelehrtenrepublik" Freiburg Schweiz.* Freiburg 1990, 581-585.

Karl-Friedrich Wiggermann: Art. Spiritualität. In: *Theologische Realenzyklopädie* 31 (2000) 708-717.

Wilhelm von Saint-Thierry: *Brief an die Brüder vom Berge Gottes. Goldener Brief.* Übers. von Bernhard Kohout-Berghammer. Eschenbach 1992 (Texte der Zisterzienser-Väter 5).

INTERVIEWS

Interview mit François Betticher

Präsident des Stiftungsrates (1998-2006)

Ein kirchliches Haus führen

Herr Betticher, können Sie zuerst über die grundsätzliche Seite des Stiftungsrates berichten: Was ist der Stiftungsrat des Salesianums? Wie setzt er sich zusammen? Wie arbeitet er?

Der Stiftungsrat übt die oberste Leitung über die Stiftung aus. Diese ist von den Diözesanbischöfen der Schweiz und vom Abt von St. Maurice errichtet worden. Ihr Zweck besteht darin, den Priesteramtskandidaten und Laienstudierenden, welche sich dem kirchlichen Dienst widmen wollen, während ihrer Studienzeit ein Heim zu bieten, wo sie eine ihrem Berufsbild entsprechende geistliche Betreuung und die Förderung ihrer wissenschaftlichen Ausbildung finden sollen. Studierende anderer Fakultäten können ebenfalls aufgenommen werden.

Der Stiftungsrat besteht aus sieben bis elf Mitgliedern. Jeder Diözesanbischof und der Abt von St. Maurice ernennen je ein Mitglied; die Bischöfe von Basel, Chur, Lausanne-Genf-Freiburg und St. Gallen können je ein zweites Mitglied bestimmen. Der Stiftungsrat versammelt sich wenigstens zweimal jährlich zur Behandlung der Geschäfte, sowie zur Annahme der Betriebsrechnung und der Jahresbilanz. Er ist insbesondere für die finanziellen Mittel verantwortlich, die für die Führung des Hauses notwendig sind. Der Stiftungsrat ernennt einen Ausschuss, der sich insbesondere um die Erledigung der laufenden Geschäfte bemüht.

Welches war die Ausgangslage, die Sie als Stiftungsrat und dann als Präsident miterlebt haben? Welche Entwicklungen ergaben sich im Lauf der vergangenen Jahre? Gab oder gibt es besondere Herausforderungen?

Anfangs 1998 hat mich Bischof Grab gebeten, einen Blick in das Salesianum zu werfen; eine Institution, die ich nicht näher kannte. Als ich die Situation analysiert hatte, wusste ich, dass ich helfen werde. In kurzer Zeit hatte das Vermögen beträchtlich abgenommen, denn die negativen Ergebnisse folgten sich regelmässig und in bedeutendem Masse. Als wichtige Änderung wurden der Küchenbetrieb und die Zimmervermietung einem professionellen Unternehmen übertragen. Langjährige Darlehen zinslos oder zu billigsten Preisen konnten aufgenommen werden. In enger Zusammenarbeit mit den Ausschussmitgliedern konnte Jahr für Jahr eine wenn auch vorerst nur leichte Besserung der finanziellen Lage erreicht werden. Dank mehreren Schenkungen konnten die notwendigsten Unterhaltsarbeiten gedeckt werden, sodass das Haus heute einen äusserst freundlichen Eindruck erweckt und sich alle wohl fühlen können.

Welches ist das Besondere an der Verantwortung für ein kirchliches Haus im Unterschied zu anderen Institutionen?
Ein Haus im Geiste der Kirche zu führen verlangt von allen, sich ganz in diese Atmosphäre hineinzufühlen. Wirtschaftliche und politische Aspekte und Überlegungen müssen in den Hintergrund gestellt werden, um nicht der heute so säkularen Welt zu verfallen.

128

Im Dezember 2006 verabschiedeten wir Stiftungsratspräsident François Betticher (im Bild mit seiner Gattin)

Die Aufgabe als Stiftungsrat ist nicht Ihr einziges freiwilliges Engagement im kirchlichen Bereich. Welches ist Ihre Motivation für diese Tätigkeiten?

Die Mitarbeit in einer Pfarrei als Verantwortlicher der Finanzen, die ich lange Jahre ausübte, öffnete verschiedene Türen zu anderen kirchlichen Bereichen. Oft musste ich feststellen, dass Rat und Tat von grossem Nutzen sein können. Eine Bitte auszuschlagen war für mich daher schwer.

Was schätzen Sie persönlich am Salesianum?

Nach diesen Jahren im Salesianum darf ich besonders die ausgezeichnete Atmosphäre, die zwischen den verschiedenen Studierenden herrscht, hervorheben. Dies ist jedoch das grosse Verdienst von Regens und Hausleitung, die es verstehen, mit viel Gefühl, das Rechte zu tun und das Falsche zu lassen und so dem Salesianum eine christliche Marke aufprägen.

Sie geben Ihr Amt Ende 2006 in andere Hände. Welches Anliegen, welchen Wunsch möchten Sie dem Salesianum mitgeben?

Für das nächste Jahrhundert wünsche ich dem Salesianum viel Freude, viel Erfolg in der Erledigung der grossen und kleinen Projekte, ein harmonisches Zusammenleben und die Weiterführung des heute vorhandenen kirchlichen Geistes. Mögen alle hier für eine kürzere oder längere Zeit im Haus aufgenommenen Studierenden oder Passanten von diesem Haus ein Stück dieses Geistes in ihr Leben mitnehmen und ihn weiterverbreiten.

Das Interview führte Hildegard Aepli.

Irma Heller

Die Menzingerschwestern im Salesianum

Seit dem Gründungsjahr des Salesianums vor 100 Jahren besorgten Schwestern den Haushalt und trugen so stark zur familiären Atmosphäre dieses Hauses bei. Bis im Jahre 1994 lebte jeweils eine kleine Gemeinschaft von Schwestern im Haus, danach verliessen sie das Konvikt. Seit jenem Jahr kommt aber dennoch bis heute eine Menzingerschwester regelmässig vorbei, um sich um die Kirchenwäsche zu kümmern.

Wer sind diese Schwestern?

Man fragt sich, wer denn diese Schwestern sind, die sich jahrelang um alles Mögliche in diesem Haus gekümmert haben.

Ihr eigentlicher Ordensname ist „Schwestern vom Heiligen Kreuz". Weil sich aber ihr Mutterhaus in Menzingen befindet, kennt man sie vor allem unter dem Namen Menzingerschwestern. Ein Kapuziner namens Theodosius Florentini und Mutter Bernarda Heimgartner waren die Gründer dieser Ordensgemeinschaft, die zur geistlichen Familie des Hl. Franziskus von Assisi gehört. Sie hatten dabei vor allem Menschen am Rande im Auge: Frauen und arme Mädchen ohne Möglichkeit für Bildung zur Zeit der Gründer, ausgebeutete Arbeitskräfte in Fabriken und vernachlässigte Waisen und Kranke. Sie versuchten und versuchen den Schöpfer zu finden und Ihm zu dienen, so wie Mutter Bernarda sagte: *„Suchen wir den Schöpfer in den Geschöpfen".*

In den Jahren 1840-1844 befanden sich die ersten drei Schwestern in der Ordensausbildung, am Ende dieser Zeit zogen sie nach Menzingen, wo am 17. Oktober 1844 eine Mädchenschule eröffnet wurde. Dies ist das eigentliche Gründungsjahr. Neben mehreren Niederlassungen in der Schweiz hat die Kongregation heute Standorte in Deutschland, England, Italien sowie auch an verschiedenen Orten in Asien, Afrika und Südamerika. In all diesen Ländern wirken die Schwestern vom Hl. Kreuz, sei es in Schule und Erziehung, im Einsatz für kranke, betagte und sterbende Menschen sowie in pastoralen und sozialen Aufgaben. Das Gebetsleben nimmt einen wichtigen Platz ein in ihrem gemeinsamen Leben, denn *„Der Herr hält Einkehr, wo er leere Gefässe findet"*, wie Sr. Bernarda sagte. Er kommt in Herzen, die bereit sind, Ihm – GOTT – einen Platz zu schenken. Sr. Bernarda glaubte an die Kraft der leeren Hände. Sie glaubte daran, dass, wenn Gott leere und bereite Hände findet, er sie füllen werde.

Auch diese Ordensgemeinschaft blieb nicht vom Mangel an Nachwuchs verschont. Dies war und ist eine Möglichkeit für die zahlreichen Schwestern, ihr Leben auch in dieser Form von Armut Gott hinzugeben. So wie Mutter Bernarda sagte: *„Gott verlangt nur unsere Hingabe, der äussere Erfolg ist seine Sache."*

In der Zeit von 1907-1994 waren es insgesamt 85 Schwestern, die im Salesianum tätig waren.

Im Folgenden lasse ich drei Schwestern, die in irgendeiner Weise im oder für das Salesianum tätig waren oder sind, selber zu Wort kommen:

SCHWESTER JOHANNA

Seit dem Sommer 1994 ist keine Schwesterngemeinschaft mehr im Konvikt wohnhaft, aber dennoch kommt eines ihrer Mitglieder, Sr. Johanna, öfters ins Haus. Sie wohnt in einem Schwesternhaus in Fribourg.

Lassen wir sie selber erzählen, welche Aufgaben sie erledigt und was dieser Dienst ihr bedeutet:

Wie lange sind Sie in der Schwesterngemeinschaft und seit wann leben Sie in Fribourg? Worin bestand und besteht ihre Tätigkeit im Salesianum?

Sr. Johanna: Ich bin nun seit 57 im Orden der Schwestern vom

Hl. Kreuz. Seit 1990, nach meiner Pensionierung, bin ich in Fribourg tätig und wohnhaft. Ich übernahm verschiedene Aufgaben im Salesianum, wie zum Beispiel Zimmer vorbereiten, abtrocknen, flicken, Telefondienst... ich war sozusagen „Mädchen für alles". Zu Beginn habe ich zusammen mit andern Mitschwestern im Haus gewohnt und zwar in jenem Teil, der neu renoviert ist. Die kleine Kapelle im Haus war jener Ort, wo wir gemeinsam beteten und Gottesdienst feierten. Seit 1993 kümmerte ich mich vor allem um die Sakristei und die beiden Kapellen. Im Jahre 1994 verliessen alle Schwestern das Konvikt. Ich wurde angefragt, ob ich mich weiterhin um die beiden Kapellen kümmern könnte. Es handelt sich dabei vor allem um Sakristeiarbeit, Kirchenwäsche und anfänglich auch um das Zieren der Kapellen.

Gefällt Ihnen diese Aufgabe?
Sr. Johanna: Ja, dies mache ich sehr gerne. Der Kontakt zum Haus und seinen Bewohnern ist so nicht abgebrochen.

Wie ist das für Sie, vielen jungen Menschen im Haus zu begegnen?
Sr. Johanna: Dies erlebe ich sehr positiv. Mir fällt es zwar eher schwer, Kontakte herzustellen, aber wenn sich trotzdem Begegnungen oder ein Gespräch ergeben, freue ich mich sehr, egal aus welcher Nation die betreffende Person stammt.
Ab und zu gehe ich gerne hier in einen Gottesdienst, es ist jeweils sehr lebendig bei so einer Feier, so vergisst man etwas sein Alter...

Was bedeutet Ihnen persönlich das Salesianum? Was bedeutet dieses Haus für Ihr Gebetsleben?
Sr. Johanna: Es ist ein Haus, ein Ort, den ich stark im Gebet und im Herzen mittrage. Ich sah, dass es zu Beginn für Thomas Ruckstuhl und Hildegard Aepli nicht einfach war. Stets versuchte ich ihnen meine Freude über ihr Dasein auszudrücken. Thomas kenne ich schon lange, er stammt so wie ich aus Sursee.

Worin sehen Sie heute ihre Aufgabe im Bezug auf dieses Haus?
Sr. Johanna: Es ist eine gute Abwechslung für mich und es ist mir

wichtig, den Faden zu diesem Haus und was zu ihm gehört nicht zu verlieren. Manchmal ergibt sich eine interessante Begegnung. Dies kam auch schon in der Sakristei vor. Im Normalfall spreche ich aber die Studenten nicht an.

Wie fühlen Sie sich im Salesi, was gefällt Ihnen und was ist für Sie eher etwas schwer?

Sr. Johanna: Für mich ich es jeweils ein „Heimkommen". Die Angestellten sind sehr nett und zuvorkommend, und dies überträgt sich dann auch auf andere, zum Beispiel in der Waschküche. Meine Arbeit, das Bügeln, kann manchmal etwas mühsam sein. Oft hat es Kerzenwachs auf den Altartüchern und das Wachs ist nicht einfach zu entfernen.

SCHWESTER ENGELHARDA

Eine andere Schwester dieses Ordens, dessen Hauptanliegen ursprünglich die Bildung von jungen Mädchen war, ist Sr. Engelharda. Sie war in den Jahren 1984-1994 im Konvikt wohnhaft und tätig. Heute lebt die betagte Schwester im Mutterhaus in Menzingen. Wie hat sie ihre Jahre im Salesianum erlebt? Lassen wir sie selber zu den gestellten Fragen zu Wort kommen:

133

Worin bestand während den 10 Jahren, die Sie im Salesianum verbracht haben, Ihre Aufgabe?

Sr. Engelharda: Ich arbeitete an der Réception und besorgte die Büroarbeiten.

Was mochten Sie besonders an diesem Apostolat?

Sr. Engelharda: Mir gefiel vor allem der Kontakt mit den jungen Menschen und auch die vielseitige und interessante Arbeit.

Welche Beziehung haben Sie heute zum Konvikt bzw. zu seinen Bewohnern?

Sr. Engelharda: Ich trage liebenswürdige Erinnerungen im Herzen. Allerdings sind nur noch wenige Bekannte dort wohnhaft oder haben dort ihren Arbeitsplatz. Ich kenne zum Beispiel noch Herrn Ruckstuhl, Herrn Laqua, Ottilia, Herrn Riedo oder Herrn Hug.

Haben Sie noch Kontakte mit Studenten oder Priestern etc., die in diesem Haus zu Ihrer Zeit dort gewohnt und gelebt haben?

Sr. Engelharda: Ja. Ich pflege einen regelmässigen Kontakt mit Don Vitalini und mit Herrn Wick. Manchmal bekomme ich eine Einladung zu einer Primiz und gelegentlich ergeben sich freudige Begegnungen oder ich bekomme sogar Besuch von „Ehemaligen". Ich bete für das Haus und was sich mit ihm verbindet.

Wie sehen Sie die Entwicklung dieses Hauses?

Sr. Engelharda: Ich denke, dass es eine Zukunft hat und dass es weiterhin vielen Studenten einen Ort zum Wohnen bieten wird und auch spirituelle Werte vermitteln kann.

Allerdings bedauerte ich den Wegzug der Walliser – und später auch der Tessiner Theologiestudenten sehr. Die verschiedenen Sprachen und Mentalitäten boten gegenseitig eine wertvolle Bereicherung.

Können Sie uns eine Anekdote oder ein Erlebnis erzählen, das Ihnen im Bezug auf das Salesianum besonders in Erinnerung geblieben ist?

Sr. Engelharda: Ja, gerne: Es war in der Ferienzeit und wir hatten momentan, ausser drei Studenten im dritten Stock, keine Gäste im Haus. Ich begab mich ins Untergeschoss, wo alle Türen abgeschlossen waren. Dann öffnete ich die Küchentüre und völlig unerwartet stand ich einem ca. 1.80 m grossen Studenten gegenüber. Wir beide reagierten mit grossem Erstaunen. Ich fragte ihn: „Wie sind Sie ohne Schlüssel hier hineingekommen?" „Durch den Speiselift", antwortete mir der Student. Vor lauter Schreck vergass ich, dem Eindringling den Weg zum Treppenhaus zu öffnen und beförderte ihn kurzerhand mit dem Lift zurück nach oben zu seinen Kameraden. Er war ganz zusammengekauert im Lift und sei-

ne Kameraden erwarteten ihn oben wohl mit einem „gestibitzten"
(gestohlenen) Trunk...aber diesen erwarteten sie vergebens.

SCHWESTER CANDIDE

Schwester Candide ist heute
die Verantwortliche für das
Haus der Menzingerschwe-
stern in Fribourg, Boulevard
de Pérolles. Auch sie ist pen-
sioniert, ist Vize-Oberin in der
Westschweiz seit 2005 und ko-
ordiniert die Sterbebegleitung
im Kanton Fribourg.

Sie selbst lebte nicht im Salesianum, war aber durch ihren
Beruf als Hauswirtschaftslehrerin eine Zeit (1965-1973) für
die Ausbildung der Hauslehr-
töchter teilzeit dort tätig.

135

**Was waren die Tätigkeiten der Schwestern in all den Jahren
im Salesianum?**
Sr. Candide: Unsere Tätigkeiten bestanden vor allem im Empfang,
der Buchhaltung, der Küche, im Unterhalt des ganzen Hauses inkl.
der beiden Kapellen. Es hatte viele Priester, so mussten viele Sou-
tanen gebügelt werden, dies war eine sehr aufwändige Arbeit.

Wie viele Schwestern lebten im Durchschnitt im Salesi?
Sr. Candide: Es waren jeweils acht Schwestern. Sie hatten ihre Woh-
nung, ihre Kapelle und ihr gemeinsames Gebet.

**Worin sah Ihre Schwesterngemeinschaft Ihre Aufgabe,
Ihr Apostolat in diesem Haus?**
Sr. Candide: Es war uns wichtig, dass das Haus einladend und sau-
ber war und dass es Menschen aufnehmen konnte. Auch war es
ein Anliegen von uns, uns gut um die Studenten zu kümmern,
u. a. auch mit einer „gesunden" und gepflegten Kost mit vielen
Produkten aus dem eigenen Garten.

Die Schwestern, die dort lebten, mochten das Haus sehr und man spürte, wenn man hereinkam, den freundlichen Empfang. Jede Schwester, die dorthin gesandt wurde, ging gerne. Es war ein kirchlicher Dienst. Im Haus herrschte ein guter Geist und es war uns auch ein Anliegen, für die Studenten und für die zukünftigen Priester zu beten.

Was bedeutete Ihrer Gemeinschaft der Auftrag in jenem Haus?

Sr. Candide: Es war für uns ein grosser Dienst von unserer Seite her an die universelle Kirche.

Seit wann leben Sie persönlich in dieser Gemeinschaft?

Sr. Candide: Im Jahr 1950 legte ich meine ewige Profess ab.

Welche Verbindungen haben Sie heute und in den letzten Jahren zum Salesianum?

Sr. Candide: Ich selbst habe nicht im Salesianum gelebt. Aber ich trage und trug es die ganze Zeit über im Gebet. Wenn ich vom Salesi reden höre, dann höre ich sofort zu. Ich sehe auch, dass Sr. Johanna (Sr. Candide ist die Oberin von Sr. Johanna) ihre Arbeit dort sehr mag.

In den vergangenen Jahren spürte man jeweils, dass dort ein guter Geist herrschte. Die langjährige Köchin (Sr. Anna Franziska, im Jahr 2006 verstorben) war sehr wichtig für das Haus. Unser Charisma bestand im Helfen und im Dasein – wir arbeiteten für die Menschen.

Ich selber bin von Beruf Hauswirtschaftslehrerin, dadurch arbeitete ich in den Jahren 1965-1973 mit, um den Hauslehrtöchtern eine Ausbildung und einen Abschluss nach ihrem einjährigen Einsatz im Salesianum zu ermöglichen. Ich gab ihnen jeweils einen Nachmittag pro Woche Unterricht im Nähen, Waschen, Bügeln, Kochen, Ernährungslehre, Buchhaltung und über den Unterhalt eines Hauses. Während der Woche versuchten sie dann das Gelernte mit Hilfe einer Mitschwester anzuwenden. Sie gestalteten viele schöne Arbeiten. Auch ich mochte diesen Nachmittag bei ihnen sehr, es gab mir eine gute Abwechslung zu meiner sonstigen Tätigkeit.

Das Ziel unserer Gründerin bestand unter anderem auch darin, junge Mädchen bzw. Frauen auszubilden oder ihnen eine Bildung zu ermöglichen. So konnten wir auch hier etwas von diesem Anliegen verwirklichen.

Wie sehen Sie die Entwicklung dieses Hauses?

Sr. Candide: Es waren einige schwierige Momente in dessen Entwicklung zu überstehen, und wir haben viel dafür gebetet. Ich freue mich, dass es mit Frau Aepli und mit Herrn Ruckstuhl gut geht.

Was wünschen Sie dem Haus zum 100. Geburtstag?

Sr. Candide: Ich wünsche dem Salesianum eine schöne Zukunft und eine gute weitere Entwicklung im Herzen der Kirche.

Herzlichen Dank den drei Menzingerschwestern für ihre Antworten und den Einblick, den sie uns dadurch in ihre Arbeit und ihr Wirken im Salesianum verschafft haben!

ERINNERUNGEN

August Berz

Erinnerungen und Gedanken
eines einstigen Regens

Als die mittlere Lebenserwartung noch um die 50 Jahre betrug, lebte man lebenslang zumeist am gleichen Ort und in der gleichen Pfarrei und fand darin Heimat. Inzwischen hat sich die Lebenszeit verlängert und der Lebensraum erweitert. Wer, wie ich und viele andere, selbst schon gegen 90 Jahre auf dieser Erde verbracht hat, hat beim Rückblick auf sie das Gefühl, in nicht nur einer, vielmehr sukzessiv in einer Reihe von drei oder noch mehr Lebenswelten und Kirchenformen gelebt zu haben. Und während bei den Theologiestudenten vor fünfzig Jahren nach meinen Eindrücken nur etwa alle zehn Jahre ein geistiger Generationenwechsel stattfand, vollzog sich dreissig Jahre später ein solcher jeweils schon ungefähr alle fünf Jahre.

Der alte Weisheitsspruch *„Tempora mutantur et nos mutamur in illis"* gilt nicht nur für uns Menschen, sondern auch für unsere Institutionen. Er gilt auch für die Institution, deren hundertjähriges Bestehen wir in diesem Jahr überblicken und überdenken.

„Tempora mutantur." Ja, wie sehr haben sich die Zeiten in diesen hundert Jahren geändert! Zwar gehen all die Uhren, die unser Viktor Buner in seinem Pfarrhaus in Amden gesammelt hat, immer noch im gleichen Gang und Stundenschlag. In unserem Empfinden aber scheinen die Zeit und die Zeiten immer schneller abzulaufen. Die Bewegung der Zeit scheint sich fortwährend zu beschleunigen.

Ich habe hier nicht vor, die Geschichte des Salesianums zu schreiben. Das hat Freund Hermann Bischofberger in seiner „Geschichte des Salesianums", die er unserem Haus zum 75-jährigen Jubiläum gewidmet hat, mit akribischer Genauigkeit und zugleich grosser Lebendigkeit und Anschaulichkeit schon getan. Aber blicken wir doch wenigstens flüchtig in die verschiedenen Zeiten und Welten zurück, in denen das Salesianum steht und zu bestehen hatte. „Denk an die Jahre der Vergangenheit, lern aus den Jahren der Geschichte!" (Dtn 32,7).

Da war in den ersten Jahren des letzten Jahrhunderts die „Gründerzeit", die Zeit der Gründung auch unseres Hauses. Dann brach der Erste Weltkrieg aus und damit der Zuzug von Theologen aus deutschen Landen ab. Darauf folgte leider nicht eine Friedenszeit, sondern nur eine Zwischenkriegszeit, abgelöst von der noch viel grösseren Menschheitskatastrophe des Zweiten Weltkriegs, in der nicht nur die Schweiz, sondern auch ihre Studienorte eine abgeschlossene Insel bildeten. Während nachher die Völker der Welt in der UNO und die von Europa in der EU wieder Gemeinschaft miteinander suchten, bildeten sich zunächst zwei Machtblöcke heraus, die im Kalten Krieg gegeneinander standen. Nach dem Zusammenbruch des einen Blocks lebte wieder der übertriebene Nationalismus auf, der fortwährend zu Spannungen und Spaltungen und zu kriegerischen Auseinandersetzungen führt. Und heute leben wir ungeachtet des propagierten Globalismus in der Epoche grosser wirtschaftlicher Ungleichheiten zwischen Nord und Süd, West und Ost und in der des Aufkommens eines selbstbewussten und kämpferischen Islams.

„Et nos mutamur in illis." In der in die Menschheit inkarnierten Kirche vollzog sich eine zum Teil parallele, zum Teil gegenläufige Entwicklung. An dem von uns als Gründerzeit bezeichneten Jahrhundertbeginn kam es einerseits zur Gründung neuer Orden und Institutionen wie der des Salesianums, andererseits zur Verhärtung der Glaubenspositionen im Kampf Pius´ X. gegen den so genannten Modernismus. Im Ersten Weltkrieg erfolgten die Friedensbemühungen Benedikts XV. Nachher der Widerstand gegen den menschenrechts- und kirchenfeindlichen Kommunismus und Nazismus. Unverhofft machte die Kirche im Zweiten Vatikanischen Konzil einen Neuaufbruch, der sich aber zu wenig auswirken konnte, weil gleich darauf die leidigen Reibungen und Auseinandersetzungen zwischen zwei extremen Flügeln begannen, was in den letzten Jahrzehnten nicht nur die Einheit, sondern auch das Leben und Wirken der Kirche stark behindert und schwächt.

Insbesondere schmälert das den Nachwuchs zu kirchlichen Diensten stark. Wie soll ein junger Mensch sich angeregt fühlen, dem Ruf zur voll- oder teilberuflichen Mitarbeit in einer Institution zu folgen, deren Sendung und Leitung immerfort in Frage gestellt, deren „Chefs" und „Personal" beständig kritisiert, ja als uneinsichtig hingestellt und angefeindet werden? Die Diskussion um den Zölibat und die Weihe von Frauen, so berechtigt sie ist, wirkt sich, wenn sie unaufhörlich und verbissen geführt wird, auf das Anliegen, kirchliche Berufe zu wecken und zu fördern, äusserst kontraproduktiv aus.

Das alles hatte seine Rückwirkungen auch auf das Salesianum. Am Ende des 19. Jahrhunderts stand der Mut zur Gründung einer (damals noch) katholischen Universität und in Verbindung damit dann des Theologenkonvikts Salesianum, dessen Spiritus Rector der „Kämpe" Professor Dr. Josef Beck war. Während der dreissigjährigen Regentschaft des tief menschlichen und tief gläubigen Karl Boxler wurde der innere und äussere Aufbau des Salesianums weitergeführt und 1931/1932 gekrönt mit dem nötig gewordenen Anbau eines grossen Ostflügels mit Kapelle, Speisesaal und Schwesternwohnung. Doch der starke Zustrom an Theologiestudenten ebbte bald wieder ab und stieg erst und nur während der Konzilsjahre wieder an.

Das Konzil führte zu Umgestaltungen der Kapelle und der Gottesdienste, so zur Einführung der Konzelebration. Es brachte aber nicht, wie vielfach andernorts, einen starken Umbruch mit sich, weil sich das Salesianum aus der anfänglichen Abgeschlossenheit eines tridentinischen Seminars in allmählicher organischer Entwicklung zu einer freieren Wohn- und Bildungsstätte geöffnet hatte. Unser Konvikt wurde nicht zu einem „Konflikt", wie es in der Adresse eines Briefes an uns aus fernen Landen einmal betitelt wurde. Dazu trug bei, dass es sich internationalisierte und auch Laienstudenten die Tore aufschloss, wodurch es zu einer für beide Teile fruchtbaren Symbiose und Synergie kam. Es diente auch immer als Heim für einzelne Professoren und Doktoranden und beherbergte auch jahrelang die Diözesanseminare von Lugano und Sitten. Aufgewertet wurde unser Haus auch dadurch, dass es seit 1978 Sitz des Sekretariates der Schweizerischen Bischofskonferenz ist.

In all meinen Jahren konnte ich mich Gott sei Dank auf den guten Willen der Konviktoren, auf die Eigeninitiative der Theologiestudenten, auf einen mir wohlgesinnten Stiftungsrat und auf die zuverlässige Mitarbeit der Angestellten verlassen, unter denen die grossartige uneigennützige Tätigkeit unserer ehemaligen Menzingerschwestern besonders hervorgehoben sei.

Leider schlugen die Bemühungen von Prof. Sandro Vitalini und mir fehl, auch das Seminar der Diözese Freiburg beim Abbruch seines alten Gebäudes an unsere Gemeinschaft anzugliedern. Wie wertvoll wäre es doch gewesen, Theologengemeinschaften mehrerer Bistümer der Schweiz unter einem gemeinsamen Dach, in einem gemeinsamen Gottesdienstraum an einem gemeinsamen Tisch in verschiedenen Etagen unter einem je eigenen Regens eigenständig zusammenleben und einander anregen zu lassen! Im Zusammenhang mit der Frage der Anzahl der theologischen Fakultäten wird sich auch für die Seminare die Frage nach einem Zusammengehen stellen, auch abgesehen vom Blick auf die diözesanen Finanzen, die durch den Bau eigener Seminare arg strapaziert wurden.

Abschliessend und zusammenfassend ist zu sagen, was ich am Ende meiner Regenszeit gesagt habe: „Wie viel hat sich doch in diesen Jahrzehnten in der Kirche und im Salesianum verändert! Und doch geht es – im Salesianum im Kleinen wie in der Kirche im Grossen, nach wie vor um das Eine: den Menschen eine Stätte zu bieten, worin sie sich, um mit dem Zweiten Vatikanum zu reden, als ‚Familie Gottes' erleben können."

*

Die Zentenarfeier des Salesianums will nicht nur zurück, sondern auch in die Zukunft blicken und nicht nur sich selber, sondern das grosse Ganze, die Kirche ins Auge fassen. Als altgedienter Regens sinniere ich in meinem hohen Alter auch, ja immer mehr über dieses Thema im Zusammenhang auch mit meiner früheren Aufgabe und Erfahrung als Konviktsleiter. Darum sei mir zum Schluss im Blick auf „Kirche und Zukunft" und im Anschluss an die hundert Jahre des Salesianums ein weiterführendes Votum über den Sinn und die bleibende Wichtigkeit eines Theologenkonvikts gestattet.

Nicht nur meines Erachtens, sondern auch nach Ansicht führender Pastoraltheologen geht man die Frage nach der Zukunft der Kirche viel zu pragmatisch an. Propagierte Aufbrüche führen leider oft zu Abbrüchen. Gutes wird abgeschafft, ohne Besseres an seine Stelle zu setzen. Das Horchen auf den Geist der Zeit verkommt oft zu einem blinden Ge-horchen ihm gegenüber. Statt in der Liturgie Gott zu feiern, macht man viel in Esoterik, bietet Gags und veranstaltet Events. Nachdem all das fehlschlug, soll ein amerikanischer Geistlicher seine Kollegen gefragt haben: „Sollten wir es nicht einmal mit Gott versuchen?"

Die Kirche ist Glaubensgemeinschaft, nicht eine Religion neben anderen. Das Herz und das Hirn der Kirche ist der Glaube. Wenn dieser lebendig und stark ist, ist auch die Kirche lebendig und stark. Geweihte und Gesandte haben zur Hauptaufgabe die Verkündigung des Glaubens, nicht nur einer dünnen Moral des „Seid nett zueinander!" Nur vom Glauben aus lässt sich eine genuin christliche Pastoration, Verkündigung, Liebestätigkeit betreiben, nur auf ihm christliche Gemeinde und Reich Gottes aufbauen. Ohne ihn sind alle noch so gut gemeinten und intensiven Aktivitäten „magni passus extra viam" (Augustinus). In seinem immer noch, ja gerade auch heute lesenswerten Aufsatz „Ändert sich das Antlitz des Priesters?" in unserem Mitteilungsblatt 1973/74 sagt Prof. Dr. Sandro Vitalini, mein langjähriger Subregens und Freund: „Die Kirche und ihre Diener würden einen Verrat an der Menschheit begehen, wenn sie die Heils- und Liebesbotschaft nicht weiterhin, ja noch intensiver verkündigten: Gott ist unser Vater, er hat uns erschaffen und bleibt uns in Jesus Christus ganz nahe, um uns alle in die Fülle der ewigen Liebe zu bringen."

Die Theologie ist überaus wichtig, ein solides Theologiestudium unabdingbar. Doch die Vorbereitung zum Priester- oder sonstigen Pastoralberuf ist mit einem noch so gründlichen Theologiestudium nicht voll geleistet. Christliche Theologie führt (mehr oder weniger) zum Kennen des Glaubens, nicht aber von selbst zum Können des Glaubens, das heisst zu einem Leben aus ihm. Der Theologe der Vorlesung muss zum Theophil des Gebetes werden, der Gottkenner (wer ist das schon?) zum Gottliebenden. *„Noverim Te, ut amem Te."* Im Wort „erkennen" muss in Bezug auf Gott, wie im biblischen Hebräisch, zugleich der Sinn von wahrnehmen und lieb-haben liegen. *„Nolo Te cognoscere, nisi Te et diligam",* dieses franziskanische Motto habe ich mir als Student einmal auf die Titelseite eines theologischen Wälzers geschrieben. Auf die Titelseite von Romano Guardinis „Der Herr" hingegen: „Das Buch, das mir die Offenbarung der Offenbarung war".

Weiterhin ist zu bedenken, dass echter christlicher Glaube stets kirchlicher Glaube und dass christliches pastorales Handeln stets

Handeln in der Kirche, von ihr her und auf sie hin ist und nicht nur der Glaubensbildung und -bindung, sondern auch der Kirchenbildung und Kirchenbindung zu dienen hat.

Darum sind neben den theologischen Hörsälen auch Seminare und Konvikte für die Theologie-Studierenden sehr dienlich, nicht nur zum Verarbeiten des in der Vorlesung Gehörten, sondern vor allem zur Glaubensweckung und -vertiefung und zur Verbindung mit der Kirche.

Gewiss kann ein Theologiestudent, wenn ihm das Moment des Glaubens aufgegangen ist, die theologische Einsicht auch dann in Glauben überführen, wenn er irgendwo in irgendwelcher Bude studiert. Er kann sich einer Glaubensgruppe anschliessen, damit er nicht unsicher im Glauben allein steht. Und es kann ihm gut tun, einen Teil der Studienzeit mitten im gewöhnlichen Leben zu verbringen, auch um sich zu prüfen. Doch der geeignetste Raum, um von einem Theologen zu einem Theophilen zu werden und zu einem *„stare in Ecclesia"* und *„sentire cum et in Ecclesia"* zu kommen, bildet wohl ein gutgeleitetes Seminar oder Konvikt. Dort steht ihm auch ein Spiritual als geistlicher Wegbegleiter zur Verfügung, im Salesianum jetzt sogar eine Frau. Ein Konvikt schult auch die Gemeinschaftsfähigkeit, die in der heutigen Pastoration so wichtig ist. Jeder Theologiestudent sollte meines Erachtens wenigstens ein Studienjahr in einem Konvikt oder Seminar verbringen. Und sollten nicht die Bischöfe in den vorlesungsfreien Monaten einen mehr oder weniger langen Grundkurs im Glauben erteilen lassen, der zu einer Grundentscheidung zum Glauben, zu Jesus Christus und zu seinem Gott, zum Heiligen Geist und zu seiner Kirche führt? Und sollten sie nicht verlangen, dass jeder, der die Weihe oder die Missio zum pastoralen Dienst erhalten will, im Lauf seines Studiums einen solchen Grundkurs oder zumindest echte 30-tägige Exerzitien absolviert?

Im Mitteilungsblatt 1972 sagt auch wieder Sandro Vitalini in seinem Aufsatz „Hat der Priester noch Zukunft" die ermutigenden Worte, mit denen ich meine Gedanken abschliessen möchte: „Wie mir scheint, befinden wir uns in einer nicht ungünstigen Situation, der Zukunft entgegen zu gehen, weil wir nun in der nachkonstantinischen Ära leben. Wir fühlen uns in Übereinstimmung mit der Lage der Urkirche, so dass es uns leichter zu fallen scheint, das Neue Testament richtig zu lesen."

*

Ich bin glücklich und danke Gott, dass das geliebte Salesianum mit Hildegard Aepli und Thomas Ruckstuhl in guten Händen ist und dass es im Jubiläumsjahr wieder wesentlich mehr Theologie-studierenden den geeigneten Raum zum Überlegen und Vertiefen des theologischen Stoffes und zu einem Leben in und aus dem Glauben, in und mit der Kirche bieten darf. Um diese Gnade bete ich Tag für Tag. Und ich bin von tiefem Dank erfüllt gegenüber allen noch lebenden oder heimgegangenen Frauen und Männern, die mir in meinen Regensjahren beigestanden sind, und vor allem gegenüber Gott, der das Schiff des Salesianums hundert Jahre lang durch alle Stürme geführt hat und es, nach kurzem festlichem Stundenhalt, nun mit vom Pfingstgeist geblähten Segeln wieder ausfahren heisst mit dem Auftrag: „*Duc in altum* – Fahre aus und führe deine Konviktoren in die Weite und in die Höhe!"

Wie Vieles hat sich in den hundert Jahren seit der Gründung unseres Hauses in der Kirche und im Salesianum verändert! Und doch geht es – im Salesianum im Kleinen und in der Kirche im Grossen – nach wie vor um das Eine: den Menschen eine Stätte zu bieten, worin sie sich als „Familie Gottes" (II. Vatikanum) erleben und fühlen können.

Sandro Vitalini

Dal 1955 al 1994: da iscrivere nel "Guinness dei Primati"?

La testimonianza di chi scrive è certo curiosa, perché la sua presenza al Salesianum è stata lunga e felice.

Come studente

Ho iniziato nell'autunno del 1955, seguendo il primo anno di teologia alla Facoltà. La figura che più mi ha colpito è quella del Regens August Berz, con la sua capacità di donare a ciascuno dei suoi studenti tutta la sua fiducia. Disponendo della chiave di entrata, con orari assai agevoli (anche se il campanello ci faceva alzare molto presto il mattino) capii per la prima volta l'importanza del buon uso della libertà, nella consapevolezza di sentirsi autonomi. Mentre si scendeva in cappella per l'Eucaristia (e taluni servivano agli altari laterali, visto che la concelebrazione non era ancora permessa), si udiva il rumore sordo di catini vuotati e di brocche riempite; era l'indimenticabile Beda Schildknecht che sostituiva l'acqua nelle camere, non ancora dotate di acqua corrente. Il buon Beda ci serviva alle lunghe tavolate del refettorio, dove i teologi avevano la netta prevalenza su un ridotto numero di laici (tra i quali qualche ticinese), che col tempo si sarebbe dilatato. Ricordo il disagio che un compagno venuto dalla Sicilia provava per i cibi inusitati: il formaggio sugli spaghetti gli sembrava colla di falegname, le prugne cotte catrame, gli spinaci verderame. Per la prima festa di San Nicolao avevo composto una canzoncina (sulla melodia di "Torna a Sorrento") il cui testo mi è rimasto ben presente nella memoria, così come ricordo l'enorme successo riscosso, grazie agli applausi di chi non aveva capito il contenuto invero ironico del canto.

Mi è doveroso dar atto della dedizione assoluta delle Suore di Menzingen al nostro servizio. Anche se si intravedevano a malapena, esse per noi lavoravano da stelle a stelle, anche la domenica, accollandosi dei sacrifici oggi non più immaginabili. Voglio ricordare il sorriso radioso di Schw. Luzia, l'impegno in cucina di Schw.

148

La visita di Flavio
Cotti, consigliere
federale, con sua
moglie e Don
Sandro Vitalini nel
1988

Camille e Schw. Anna Franziska, rimasta al Salesianum per ben cinquantacinque anni. Ma ne dovrei ricordare tante altre. Mi limito ai nomi di Schw. Florentina e Schw. Edburgis, alle quali avevo più volte detto: "Anche in paradiso avrete in mano uno straccio per spolverare!".

149

Anche se ci si trovava in epoca preconciliare, la liturgia era molto curata. Ricordo le omelie del nostro Regens e del nostro Spiritual, P. Hans Koch, l'impegno per un canto e un servizio inappuntabili.

Gli esami più importanti erano contrassegnati da una curiosa tradizione (subita anche da me per il baccalaureato e la licenza): la cameretta del candidato veniva trasformata in una specie di scenario teatrale, dove il seminarista con la talare appariva in un pupazzo chino sui volumi a spremersi le meningi.

Il Rettore favoriva gli incontri, gli scambi, le prove per imparare a predicare (davanti ai compagni) e non mancavano le uscite e le feste. Se c'è un neo per me da evocare era solo il tempo meteorologico, che mi portava a dire: "Qui l'inverno comincia subito e non finisce mai". Con la pattuglia di amici ticinesi, che cresceva di anno in anno, si vivevano pure dei bei momenti di familiarità, non scevri da iniziative goliardiche, da scherzi, sui quali sarà meglio lasciare steso il velo del silenzio.

Quando, nel luglio del 1961, ho lasciato dopo il dottorato il Salesianum, pensavo che forse non l'avrei più rivisto.

Nel Consiglio di Fondazione

Ma la precaria salute di mons. Celestino Trezzini suggerì al Vescovo mons. Angelo Jelmini di alleggerirlo della carica di membro del Consiglio di fondazione del Salesianum, che affidò a me. Così di tanto in tanto ebbi la gioia di partecipare ancora alla vita della Casa e di respirare un'atmosfera di famiglia nell'ambito di un Consiglio che faceva veramente miracoli per mantenere nelle cifre nere il bilancio della Casa, che, piano per piano, andava rinnovandosi. Sono rimasto nel Consiglio fino al 1987, quando sono stato nominato direttore della Casa. Voglio qui rivolgere un pensiero di gratitudine a tutti coloro che già hanno lasciato la terra per il convito celeste. In particolare ricordo l'ultimo presidente con il quale ho trattato personalmente: il compianto canonico Gabriele Stucky, che ha profuso per il bene della Casa, nella linea dei suoi predecessori, le sue migliori energie.

Professore e Rettore

L'invito a insegnare teologia dogmatica nella Sezione pastorale della Facoltà mi giunse da padre Dominique Barthélemy come un fulmine a ciel sereno. Ma il vescovo Angelo mi incoraggiò ad accettare, affidandomi nel contempo la direzione del seminario teologico ticinese, che nell'autunno del 1968 si spostava a Friborgo. Lo stesso spostamento era effettuato dal seminario di Sion, mentre anche il seminario di Friborgo decideva di inviare i suoi candidati alla Facoltà. Il numero dei seminaristi di Lugano ha oscillato tra i dieci e i quindici. Loro sono stati per me la mia famiglia e la loro presenza anche al Salesianum è stata incisiva. Ci venne accordata una sala di comunità, nella quale ci si riuniva dopo i pasti e ci venne aperto il passaggio alla cappella delle Suore, che divenne anche la nostra, dove si celebravano l'Eucaristia, l'ufficio divino, il rosario, l'adorazione.

Anche se ogni ordinazione mi faceva visceralmente soffrire, quello fu un periodo felice per i contatti che si stabilirono dentro e fuori il Salesianum. Ai seminaristi si aggiungevano parecchi studenti laici ticinesi, divenuti altrettanti fratelli, e con loro si preparavano le feste della Casa, che restano indimenticabili anche per le cene ticinesi che don Mario e don Pierino venivano ad ammanirci. Non avrei mai immaginato che i contatti col Ticino sarebbero stati così intensi: quante visite di preti e laici, oltre, certo, a quelle del vescovo! E quanti aiuti abbiamo ricevuto dai benefattori! I contatti che si sono creati in Casa tra i vari gruppi hanno davvero confermato nei fatti che il nome di "con-vitto" non era usurpato.

Non è qui il luogo di evocare il mio insegnamento all'università, ma è un fatto che l'appoggio totale ricevuto dai Rettori Berz e Wick mi ha favorito al massimo ed ha permesso che talune Celebrazioni eucaristiche e conferenze (e persino lezioni!) della Facoltà trovassero accoglienza al Salesianum. Rimpiango ancora oggi che l'offerta fatta ai vescovi di Friborgo e di Sion per porre al Salesianum la sede dei loro seminari senza costruirne dei nuovi, non sia stata accettata!

Direttore della Casa

Nel 1987 i vescovi svizzeri e il Consiglio di fondazione mi chiamavano a dirigere lo stesso Salesianum. Con un po' di incoscienza ho accettato questa designazione, che implicava anche l'animazione del gruppo dei teologi di lingua tedesca, appartenenti alle diocesi svizzere o germaniche. Non avrei proprio mai immaginato di succedere al Regens Berz, impareggiabile, che anche da Ins mi incoraggiava con la sua fraterna amicizia.

Il vescovo più vicino alla Casa, anche perché qui aveva i suoi studenti, è stato il compianto mons. Otmar Mäder, la cui memoria è in benedizione.

Ma non posso dimenticare i rettori dei seminari svizzeri che a turno pellegrinavano fino a Friborgo per incontrare le loro pecorelle.

Pur con l'andicap di non parlare lo svizzero tedesco, anche in questo gruppo variegato mi sono trovato in famiglia, così come mi sono sempre sentito appoggiato dal Consiglio di fondazione e dal Segretariato della Conferenza dei Vescovi che qui aveva fissato la sua sede.

Con l'estate del 1994, lasciando la Facoltà, lasciavo anche la direzione del Salesianum e con me partivano le suore di Menzingen che avevano segnato un'epoca.

A distanza di anni e di decenni si valuta ancor meglio ciò che il Salesianum è stato per tante e tante persone, me incluso: un luogo d'incontro, di fraternità, di amicizia, un luogo che ha aiutato tanti a meglio percepire la fede come realtà che vivifica e trasforma la vita e ci aiuta a scoprire anche nello straniero, nell'estraneo, un fratello.

L'augurio che si trasforma in preghiera per questa nostra Casa è che rimanga sempre quello che è stata nel suo primo secolo di vita: punto d'incontro di tante persone che, nello studio, nella preghiera, nell'amicizia, nell'allegria, scoprono di sentirsi tutti fratelli, cittadini del mondo.

Werner Derungs

Als Laie im Priesterseminar

Es gab früher im katholischen Volk den Ausdruck: „Er hat Beruf“. Man verstand darunter, ein junger Mann sei zum Priester berufen. Ich selber hatte diesen „Beruf“ nicht.

Ich war in jenen Jahren Klosterschüler, und zwar ein bevorzugter und verwöhnter; Patres und Brüder gaben mir viele Zeichen ihrer Sympathie, und ich genoss im Kloster, das realisierte ich viel später, Privilegien wie kaum ein anderer – und unbefangen liess ich mir das alles gefallen. Ob der Abt, dem ich bekannt hatte, wie glücklich ich mich in der Klosterschule fühlte, spekulierte, ich könnte im Kloster bleiben und später Mönch werden, das zu merken war ich viel zu naiv. Auch dass mehr als die Hälfte meiner Klasse zumindest mit dem Gedanken spielte, Geistlicher zu werden, beeindruckte mich nicht; denn – ich hatte keinen „Beruf“. Warum aber führte mich der Engel ins Salesianum?

Die Aufnahme

Nach der Matura in Disentis 1947 war ich mit dem Velo unterwegs von St. Gallen nach Genf. Da ich im Sinn hatte, in Fryburg zu studieren, und wusste, dass das Salesianum neuerdings auch an Laienstudenten Zimmer vergebe, läutete ich an der Pforte. Es war anfangs September, Semesterferien, das Haus war still, und es öffnete mir der Regens persönlich, Regens Boxler. Ich brachte mein Anliegen vor, und er antwortete nach einer Weile: „Ja; aber nicht mit solchen Hosen.“ Ich war natürlich mit kurzen Hosen unterwegs. Nie hätte ich gedacht, dass jemand daran Anstoss nehmen würde, und empfand leisen Ärger; aber ich sah den Mann, der vor mir stand in seinem Talar mit den vielen Knöpfen, ich sah das bleiche Gesicht mit den eingefallenen Wangen und den grossen, ernsten Augen, ich vernahm die dumpfe, leise Stimme, die bei aller Freundlichkeit kein verbindliches Wort sprach, ich fühlte die kühle Atmosphäre des Hauses, in dessen Flur ich stand, und wusste nun: Ich kam in ein geistliches Haus.

Vom Tor an der Avenue du Moléson an atmete das „Theologenkonvikt Salesianum“ den katholischen Geist des 19. Jahr-

Auf jedem
Stockwerk grüsste
eine Heiligenfigur
wie z.B. hier im
1. Stock

hunderts. Links stand an der Auffahrt ein riesiges Kruzifix, und
die Schnörkel über dem Eingang erinnerten an die wohlbekannte
Schreinergotik unserer Pfarrkirchen. Grosszügig wirkten Treppenhaus und Gänge; die Wände waren halbhoch grün mit Schablonen
gestrichen; auf jedem Stockwerk grüsste eine Heiligenfigur aus be-
maltem Gips. Von Disentis her kannte ich das nicht; Gips gab's
nicht im Barockkloster. Hier aber nahm ich's gerne zur Kenntnis;
denn der Stil war durchgehalten, einheitlich waren die Architektur
und die Ausstattung auf Frömmigkeit gestimmt; man konnte das
Ganze nur entweder annehmen oder ablehnen.

Ich bekam ein Zimmer im fünften Stock. Wie glücklich war ich!
Das Fenster blickte hoch über die Stadt auf die Fryburger Alpen.
Ich war frei! – Es war eine Freiheit im Geiste der Armut: Alles
stand zur Verfügung; nichts gehörte einem. Das Zimmer war einfach: unterm Fenster ein Tisch mit Stuhl und Lampe, in der Ecke
das Eisenbett, ein Schrank, ein Stehpult, ein Büchergestell und der
Waschtisch mit Krug und Schüssel. Wir wurden bedient: Morgens
kam Schwester Lucidia, machte das Bett und wechselte das Wasser. Schwester Lucidia hatte uns alle, Theologen und Laien, in ihr
mütterliches Herz geschlossen. Sie konnte nicht mehr gut sehen,
aber ihr Gehör war intakt. Als ich nach drei Auslandsemestern ins
Salesianum zurückkam, sah ich sie im Gang daherkommen und
hörte, wie sie vor sich hin sprach: „Der Deerungs, der Deerungs".

Dann stand sie vor mir, hob den Blick und sagte: „Ach, da sind Sie ja. Es war mir, ich hätte Ihre Schritte gehört." Sie diente in Einfalt. Ich bin sicher, dass sie auch für uns betete. – Im Haus waren Rekreationsräume. Das Klavier im Musikzimmerchen zuhinterst neben dem Speisesaal wurde besonders von den Laien rege benützt; Musiknoten lagen da immer bereit. Die Kapelle war nie verschlossen, und dank guten Beziehungen zu dem Theologen Bibliothekar bekam ich sogar Zutritt zur Bibliothek, die im Estrich vor sich hin dämmerte. Welche Schätze enthielt sie! Da war die ganze Sammlung der Kirchenväter, da waren Friedrich Schlegels Werke und mehrere Bände von Alban Stolz, von denen ich – mit meiner so glücklich geführten Hand – einen herauszog; als ich ihn aufschlug, stiess ich auf einen Text aus seinen Tagebüchern, der mir sogleich einleuchtete; er begann: „*Wenn die Theologen den Himmel beschreiben wollen, dann sind sie in arger Verlegenheit. Sie reden von Anschauung Gottes, Gesellschaft der Heiligen usw., kurz so, dass es jedem Kinde bang vor Langeweile wird...*" Alban Stolz mahnt, der Prediger müsse aus den Menschen die „inneren wonnigen" Erfahrungen hervorlocken, damit er die Seligkeit ahne. Ich schrieb den Text gleich ab, und später diktierte ich ihn meinen Schülern ins Heft. Alles kam mir entgegen, und ich nahm alles gerne an. Draussen lockte der Garten zu Spaziergang und Gespräch nach dem Essen. Die Hausordnung schrieb uns Laien eigentlich nur die Essenszeiten vor; das Tischgebet war schön, und die Tischlesung zwang zum Schweigen. Verlängerter Ausgang musste gemeldet werden, und da wurde für den Hausschlüssel bei nächtlicher Heimkehr eine Lösung gefunden. Keine Pflicht schränkte mich ein; Freiheit lag wie ein weiter Raum vor mir.

So stürzte ich mich ins Studium, studierte, was ich wollte: zunächst Germanistik bei den Professoren Oehl und Alker, später Stammler; schnupperte aber in allen Fächern, von denen ich mir Erkenntnis versprach: viel Philosophie und vor allem Ethnologie bei Wilhelm Schmidt. Nur von der Theologie hielt ich mich fern. Viele meiner Disentiser Kameraden studierten in Fryburg, und in munteren Gesprächen tauschten wir das Erfahrene aus; wir fühlten uns in der Stadt daheim. Fips wohnte privat an der Avenue du Moléson; drei andere traf ich im Benediktinum am Schönberg, wo ich auch den in Lourdes geheilten Pförtner kennen lernte; mit dem künftigen Jesuiten Albert, der im Albertinum wohnte, gerieten die langen Spaziergänge stets zu einem Repetitorium in Philosophie; im Salesi hausten neben mir der Medizinstudent Tiger und unten der fleissige Gisler, später Kantonsarchivar in Appenzell; aber als Theologe lebte im Neubau drüben mein alter Jules.

Die Theologen

Mit Jules nun erging es mir seltsam. So unbefangen kameradschaftlich wir bisher im Gymnasium miteinander umgegangen waren, so fremd war er mir plötzlich. Nur zwei- drei Mal besuchte ich ihn im Zimmer, aber ich spürte deutlich die Distanz, die mich von dem langjährigen Schulkameraden schied. Was war das?

Dass es den Theologen untersagt war, Besuch im Zimmer zu empfangen, sagte er mir nicht. Es war auch gar nicht nötig; denn in der Begegnung mit den anderen Theologen, die doch alle meiner Generation angehörten, empfand ich den gleichen Abstand. Ich merkte: Ich gehörte nicht dazu. Für sie war das Salesianum der Raum, in dem der Entwurf jenes Lebens begann, zu dem sie entschlossen waren. Es war, das fühlte ich sofort, ein Leben, das einem ganz anderen Bereich zugehörig war als dem profanen, in dem ich mich bewegte. Sie waren sozusagen ausgetreten aus meiner Welt, um in einer geistlichen emporzusteigen, zu der ich gar keinen Zugang hatte. Der Priester-Dichter Albert Hauser wagte das zu formulieren: *„Oh, ich will endlos, masslos mehr als ihr!"* So fügten sie sich in ihrem Seminar in eine straffe Ordnung, mit streng geregeltem Tageslauf, immer unter Aufsicht. Nicht Freiheit war ihr Ziel, sondern Zucht, frei gewählt zwar, aber bestimmt. Die Entscheidung ist der Gebrauch der Freiheit. Ihr Leben, ihr Alltag, ihr Studium diente nicht eigenen Interessen, sondern dem Beruf, und dieser Beruf war eine Berufung, total, unvergleichlich: die Berufung zur Weihe, einem Sakrament. Dank dem hohen Ernst dieser Berufsvorbereitung wirkten die jungen Theologen reifer und schauten gewissermassen auf uns unbekümmerte Laien-Studenten herab. Im Katechismus hatten wir gelernt, die Weihe entziehe eine Sache dem profanen Gebrauch, also das Weihwasser, den Kirchenraum, die heiligen Gefässe, die liturgischen Gewänder und auch den Leib des Priesters. Sinnenfälliger Ausdruck dieses Lebensplanes war die Soutane; sie betonte die Scheidung vom Irdisch-Profanen. Ich habe immer wieder mit Erstaunen beobachtet, welche Achtung die

Leute in Fryburg der Soutane, deren Träger sie ja nicht kannten, entgegenbrachten.

Dabei verändert das Sakrament die persönlichen Eigenheiten, die Begabungen, das Temperament der Menschen nicht. Die Theologen waren fröhlich oder gemessen, witzig oder zurückhaltend, initiativ oder langweilig; sie hatten Vorlieben und Hobbies, so wie wir es eben von unseren Pfarrherren her kennen; mein Jules z.B. sorgte als Pfarrer auch für einen Stall voll Geissen. Blieben aber auch Schwächen und Schwierigkeiten bestehen, dann musste man sich vorsehen und den Menschen ein Mittel in die Hand geben, stark zu bleiben, dass sie sich nicht überschätzten oder abglitten in Schlamperei. Dieses Mittel war die Askese. Einhalten der Tagesordnung, vorgeschriebene Gebete, regelmässige Betrachtung gegebener „puncta", also: anregender Sätze, Selbstbeherrschung, Sauberkeit, sorgfältige Kleidung und korrekte Haltung: das waren Übungen des Gehorsams, einer unabdingbaren Tugend, die kontrollierbar ist und stets bereit ist, Rechenschaft abzulegen. Wer das alles durchsetzte, das war der Regens; und Regens Boxler war selber das Vorbild eines Asketen.

Versuchte ich mich jedoch anzubiedern, so stiess ich auf eine Art stolzer Reserve, ein autoritäres Selbstbewusstsein, das sie als spätere Seelenhirten gewiss brauchten; Autorität war ja der „Stecken und Stab, der mich tröstet". Die Theologen blieben unter sich. Um sie kümmerte sich der Regens, mit uns Laien dagegen konnte er nichts anfangen; misstrauisch schirmte er seine Zöglinge gegen uns ab. Nach vielen Jahren erst verstand ich, dass es wichtig ist, die künftigen Priester, die Hirten der Herde, in geschlossenen Häusern, im Priesterseminar, zu bilden; denn da sie als „Weltpriester", als Seelsorger in Pfarreien einzeln zu wirken hatten, stellte das Konvikt die letzte Möglichkeit dar, Gehorsam zu üben, Gemeinschaft zu erleben, soziales Verhalten zu lernen, sich einzuordnen, Rücksicht zu nehmen, und zugleich stärkte die Kameradschaft ihr Gefühl, nicht allein zu sein mit ihrer Aufgabe, ihrer Sorge um Seelen; es war der Trost der Kirche, der sie umfing.

Die Priester im Salesianum

Der Priestertisch stand im Speisesaal etwas erhöht quer zu den Tischen der Studenten, deren hinterster mit Laien besetzt war. Die Priester bildeten eine eigene Gruppe; mit Ausnahme von

Regens und Spiritual hatten sie im Konvikt kein Amt. Als Laie kam man mit ihnen normalerweise nicht in Kontakt. Es waren da Ordensleute und Weltpriester, die aus irgendeinem Grund hier weilten, manche von ihrem Bischof verbannt, Opfer vielleicht des Kulturkampfes in der Schweiz. Zu diesen gehörte Pfarrer August Ackermann. Er hatte den missionarischen Willen des Pfarrgeistlichen behalten, und so suchte er Kontakt; ich war sogar in seiner Zelle. Er veröffentlichte Schriften und verteilte sie u.a. an die Laien im Salesianum. Wir lächelten über ihn; die schrecklichen Geschichten von Hass und Ablehnung, die er in seiner Solothurner Pfarrei erlebt hatte, nahmen wir nicht ernst. (Erst im Berufsleben erfuhr ich, wie viel Vorbehalt und wie viel Unverständnis dem Katholiken in der Diaspora entgegenschlagen.) Pfarrer Ackermann war ein Zelot, vielleicht ein Grobian; aber er hatte ein Charisma, das ihn kirchliche Treue von Untreue klar unterscheiden liess. Er war z.B. der einzige, der einen Hochstapler, der sich mit seinem Wiener Charme in alle Herzen eingeschlichen hatte, an der Kommunionbank überging. Es kam später aus, dass der junge Mann überhaupt nicht katholisch war. Ein weiteres Beispiel, über das wir unerfahrenen Menschen uns ärgerten, betraf einen Pater, einen Bündner, mit dem man heftig diskutieren konnte; der schrieb eine Dissertation über die psychologischen Voraussetzungen des Priesterberufes und gab den Fragebogen dazu auch an Pfarrer Ackermann. Wie empört war er, als er seine Papiere wenig später auf dem Abort wieder fand! Das war grob. Heute aber, nach vielen Jahren, erkenne ich den Grund, warum Pfarrer Ackermann so zornig war. In der Tat wirkt ja das Sakrament im Raum des Geheimnisses, nicht der Psychomechanik. Ich muss heute dem Pfarrer Ackermann Abbitte leisten; unser Ärger war ungerecht.

Pfarrer Ackermann war es, der mir sagte: „Wenn ich mit Ihnen rede, dann ist das reine Liebe, reine priesterliche Liebe." Welch schweres Wort. Leichter zugänglich als die Weltpriester waren die Ordensleute – ob sie uns Laien näher standen? Mit dem Pater Gebhard Spahr, einem Benediktiner von Weingarten, war ich eng befreundet. Auf unseren langen Spaziergängen brachte mir der ehemalige Soldat an der Ostfront vielerlei menschliches Verhalten näher, deckte verborgene Laster auf („Schsch! Augenlust!") und wies mir dazu in seiner schwäbischen Gemütlichkeit gelassene

Toleranz. Was ich in der Klosterschule als Theorie gelernt hatte, wurde da Alltagspraxis.

Durch Pater Gebhard lernte ich auch den Pfarrer Senn kennen, ein weiteres Opfer klerikaler Zwistigkeiten. Fing er jedoch an, seinen Bischof zu kritisieren, so unterbrach ihn mein guter Schwabe: „O Herr Profässer, höret Se auf!" Er wollte und ich sollte es nicht hören, und in der Tat ist es für den Laien peinlich, in Streit unter Geistlichen hereingezogen zu werden; man bekommt dann den Eindruck, als bildeten die Kleriker eine eigene Kaste, eine „Amtskirche" – und ist doch jeder allein. Lehrreich war die Freundschaft immerhin, auch als mich die beiden zu den Examensvorbereitungen in Kunstgeschichte beizogen. Würze des Studiums!

Freie Theologen und Besucher

Es waren nicht alle Theologen der Zucht des Konviktes unterstellt. Da war z.B. der Luxemburger Victor Conzemius, der Geschichte studierte; mit ihm verband mich die Freundschaft mit Pater Gebhard. Neben ihm wohnte der Pole Deskur, auffallend streng und ernst; wir empfanden ihn schon da als Monsignore. Er lud uns zu seiner Primizmesse in der Studentenkapelle ein; da drehte sich denn der ehemalige Kommilitone vom Altar zu uns um und gab uns den Segen – ein eindrückliches Erlebnis. Deskur ging nach den Examen nach Rom. Nur wenig später sah ich ihn in Fryburg wieder – seine Soutane hatte schon rote Knopflöcher: Monsignore! Wir stritten über den Zusammenhang zwischen Demut und Wahrheit. – Die Gruppe Benediktiner aus England, unter ihnen Pater Basil Hume, auch er, wie Herr Deskur, später Kardinal, brachten eine heitere Note in die Gänge des Hauses. Ihr Latein war allerdings von so seltsamer Lautung, dass ich meine Annäherungsversuche aufgab. Nicht so bei den beiden jungen Theologen aus Spanien. Ihre strengen Ansichten provozierten Diskussionen; sie behaupteten z.B. mir Laien gegenüber, der so unbefangen gerne tanzte: „Omnis homo qui saltat cum puella peccatum facit." Das war befremdlich, tat aber dem freundschaftlichen Verkehr keinen Abbruch. Als sie sahen, dass ich mit dem Velo herumfuhr, begehrten sie, Radfahren zu lernen, und da sie kein Deutsch und kein Französisch, ich aber kein Spanisch konnte, so fand denn der Unterricht in „velocipede ire" auf Lateinisch statt. Viel, viel Anregung aller Art gab uns das Leben im Salesianum.

Der Regens

Regens Boxler führte das Theologenkonvikt mit der grössten Gewissenhaftigkeit, und sein Gewissen orientierte sich am Priesterideal der Kirche. Ein hohes Ideal ist das; es fordert die totale Hingabe, und das ein ganzes Leben lang. Regens Boxler gab selbst das Beispiel für diese Hingabe; er war ein Priester-Hirte durch und durch. Jeden einzelnen seiner Alumnen hatte er im Auge, hütete und lenkte ihn, mahnte unnachsichtig und prüfte die Berufung eines jeden. Eine Episode ist bekannt geworden:

Unterhalb des Salesianums ist die Mädchenschule Gambach; Scharen von jungen Fryburgerinnen gingen täglich da aus und ein; vom Salesi sahen wir darauf hinab. Meldet da eines Tages die verantwortliche Nonne des „Gambach", vom Salesianum aus gingen allmorgendlich Signale hinunter zu ihren Schülerinnen, und raffinierterweise legt sie ihrer Meldung eine Ansichtskarte bei, auf der sie das verdächtige Zimmer bezeichnet hat. Der Regens geht der Sache nach und stellt den betroffenen Theologen: „Haben Sie Berufszweifel?" Der Theologe fällt aus allen Wolken und will wissen, wie der Herr Regens auf den Gedanken kommt; der erklärt es ihm. Der Theologe überlegt kurz und bricht dann in Lachen aus: Er hängt jeweils am Morgen beim Rasieren den Rasierspiegel ans Fenster, und bewegt sich der Fensterflügel, so blitzt es denn wohl manchmal hinunter zu den Mädchen im „Gambach" – und dabei natürlich auch zu den Nonnen, welche die Aufsicht haben. – Die Geschichte ging im Salesi um und erregte bei uns Laien spöttisches Gelächter. Ungerechter Weise, wie ich heute erkenne. Der Beruf des Priesters war geknüpft an die Bedingung, dass ein Mann unempfindlich sei für die geschlechtlichen Reize. Regens Boxler war auch hierin vorbildlich; witziger Ausdruck dafür, dass ihm jede maskuline Ausstrahlung fehlte, war sein Übername „de Maa" – „der Mann" – canis a non canendo... Uns Laien fehlte für solche Tugend das Verständnis; uns stand ja der Zugang zum anderen Geschlecht offen.

(Man muss allerdings dazu sagen, dass sich der Verkehr zwischen den Geschlechtern bei uns jungen Leuten damals auf Gespräch und Zuneigung beschränkte. Was man heute „Liebe" oder „Freundin" nennt, gab es nicht. Wir waren z.B. befremdet, als anfangs der fünfziger Jahre eine Statistik behauptete, in Zürich gingen 10 % der Brautpaare nicht ohne sexuelle Erfahrung in die Ehe; wir hätten das auf höchstens 2 % geschätzt. Es wäre auch keiner schwangeren Braut und keiner, die nicht zum ersten Mal heiratete, in den Sinn gekommen, in Weiss zum Altar zu treten; der Schleier als Zeichen der Keuschheit wurde respektiert. – Damit ist allerdings nur etwas über die Grundentscheidung gesagt, nichts über Sünden. – Ich vermute, alle, die damals jung waren, sind heute froh, in einer Gesellschaft aufgewachsen zu sein, in der die Sexualität nicht verwildert war.)

Nicht nur die Theologen, sondern sein ganzes Haus führte der Regens mit grossem Ernst; er war wachsam Tag und Nacht. Um uns Laien kümmerte er sich freilich kaum. Nur einmal, als wir nach einer Doktorfeier nach Mitternacht heimkamen und im Treppenhaus wohl nicht gerade „doucement" plauderten, stand plötzlich der schwarze „Maa" vor mir. Ich entschuldigte mich, und er sagte: „Ja; aber nicht so laut!" „Doucement" war sein Lieblingswort; er war die verkörperte Sanftmut. Nie habe ich ihn zornig gesehen. Dabei hatte er eine sozusagen heroische Jugend als Indianermissionar in Kolumbien hinter sich; wir kannten sein Buch „Die Reiter waren Frauen". Doch wer konnte sich den Regens in Stiefeln zu Pferde vorstellen? Und ohne Soutane?!

Laienspiritualität

Schon mein Thema geht aus vom Gegensatz zwischen Priester und Laien. Mein ganzer Bericht zeigt die grundsätzliche Kluft zwischen den beiden Ständen in der Kirche – es ist der Unterschied zwischen Hirt und Herde. Der „Beruf" nimmt die Priester aus und setzt sie in Distanz zur „Welt"; sie sind jene, die der Herr ausgesandt hat zu den Menschen, und wenn jemand sie nicht aufnimmt, sollen sie den Staub von den Schuhen schütteln und weiter ziehen.

Und wir Laien? Es konnte doch das Gefühl aufkommen, als wären wir der Kirche fern, als liefen wir, die wir „den Beruf" nicht hatten, wie unzuverlässige Fremdlinge nebenher und drängten uns unbefugt in die Kirche ein. Auf Seiten der Geistlichkeit ist heute die Versuchung gross, den Unterschied zu leugnen, sich bei der Laienschaft anzubiedern oder den Abstand auszufüllen mit allen möglichen halbpriesterlichen „kirchlichen Berufen"; Hans Urs von Balthasar hat schon vor dieser „Klerikalisierung der Laien" gewarnt. Ich rechne es heute dem Regens hoch an, dass er nichts getan hat, um den Unterschied zu verwischen. Er hat den missionarischen Auftrag des Ursprungs treulich weitergegeben.

So gingen denn im Salesianum die Annäherungsversuche in naiver Weise von uns Laien aus. Sie wurden, wie ich gezeigt habe, abgewiesen. Zwar durften wir an Hausfesten, wie Franz von Sales oder St. Nikolaus, teilnehmen, zwar war ich mit vielen Theologen im Gespräch, ganz natürlich, da wir ja zur selben Generation gehörten, wo auch immer Unterschiede in Interesse und Niveau bestehen; aber die Studentenverbindung Leonina war laienfrei; wir wurden nicht beigezogen bei liturgischen Feiern; die Schola sang ohne uns, und nie wurde einer von den Laien bei Probepredigten um Kritik gefragt. Obwohl manche von uns werktags der heiligen Messe in der Kapelle beiwohnten – Fremdlinge blieben wir doch im Konvikt Salesianum. Als einziger nahm sich der Spiritual Schafer unser an. Er sagte uns offen, dass er das Gefühl habe, etwas für uns tun zu müssen, und rief uns nach dem Mittagessen in sein Zimmer, wo er uns in einer kurzen Betrachtung einen Heiligen, einen Apostel zum Beispiel, vorstellte; dann knieten wir alle mit ihm auf dem Boden und beteten. Leider war Kaplan Schafer, dieser heiligmässige Mann, nur kurze Zeit im Salesianum. An seinen Nachfolger, den Jesuiten Dr. Koch, traten wir heran mit der Bitte, er möge uns jeweils morgens vor der Messe die Liturgie des Tages erläutern; doch traf er mit uns den Ton nicht. Vermutlich hat er uns weit unterschätzt, und so schlief denn die Übung ein. Uns ging es immer um die richtige Einordnung der Begriffe.

Ja, wir waren begeisterte Katholiken, und unser Hunger nach spiritueller Nahrung war gross; doch im Salesianum wurde er nicht gestillt. Das schadete nichts. Wir merkten eben, dass wir nicht ins Priesterseminar gehörten, sondern in die Pfarreien, und so gingen sonntags alle in der Stadt zur Kirche, und einige traten sogar dem Choeur mixte de St. Pierre bei. Wir waren im katholischen Fryburg wohl aufgehoben, erlebten die tiefe Kirchlichkeit dieser Stadt, wo die Kioskfrauen am Minderverkauf von Zigaretten feststellen konnten, wenn Fastenzeit war; wir sahen unsere Professoren als Laien in der Kirche demütige Aufgaben erfüllen: der Geologe Weber z.B. ging in der Kathedrale mit dem Klingelbeutel herum. Ich vergesse nie, wie Prof. Castella einmal seine Geschichtsvorlesung eröffnete mit der Mitteilung, seine Tochter trete heute ins Kloster ein. „Elle s'appelle Lidvine" – er schrieb den Namen an die Tafel und bat uns, für sie zu beten.

Es war, so begreife ich heute, die „Freiheit eines Christenmenschen", die wir Laien erlebten. Wir waren ja fromm; was fehlte uns denn? Wir waren ja im Innern der Kirche, wir gehörten zu jenen „Schafen seiner Herde", um die sich aller Eifer der Geistlichkeit dreht, die uns „weidet auf frischer Au" und uns führt „an labendes Wasser"; wir waren es, denen die guten Hirten nachstiegen in alle Gefährnisse; wir kamen in Genuss der Sorge, die sie sich um uns machten. Und ich erkannte immer deutlicher: Dies: im Getriebe der Welt zu leben und zu wirken, ist ein „Beruf". Zum Laien bin ich berufen. In der Mitte der Kirche steht der Laie, umsorgt, gehegt und verwöhnt von den guten Hirten, deren Nachwuchs ich im Salesianum in Zuversicht und Hoffnung beobachten durfte. Ja, das habe ich erlebt. Ich bin voller Dankbarkeit.

Victor Conzemius

Kirchliches und Weltliches im Mikrokosmos des Salesianums

Warum zog ich im Herbst 1949 von Luxemburg nach Freiburg, um Geschichtswissenschaft, Philosophie und Theologie zu studieren? Eigentlich wäre ich lieber bereits im Jahr zuvor gegangen. Doch mein Bischof, Joseph Philippe, wollte, dass ich wenigstens ein Jahr im Priesterseminar in Luxemburg verbringe, um meinen prospektiven Kollegen im geistlichen Amt später nicht völlig fremd zu sein. Er bestand auch darauf, dass ich 1956 nach dem Abschluss der Studien eine Kaplansstelle in Luxemburg übernehmen sollte, um als späterer Professor etwas Einblick in die praktische Seelsorge zu gewinnen. Bischöfliche Wünsche galten damals als Befehl; mit den Jahren reifte auch die innere Einsicht, dass das ein vorzüglicher Ratschlag gewesen war. Die zwei Kaplansjahre 1956-1958 in Steinsel, einem grösseren Dorf bei Luxemburg Stadt, gehören zu meinen schönsten Erinnerungen.

Aber warum wählte ich die Schweiz? Frankreich und Deutschland kamen aus verschiedenen Gründen – unsichere wirtschaftliche Verhältnisse als Folge des Weltkrieges – nicht in Frage. Louvain galt als schwierig und hatte ein rigoroses Prüfungssystem. Es wäre noch das Collegium Germanicum in Rom gewesen. Aber dafür waren meine Voraussetzungen nicht so gut. Einmal fehlte mir der notwendige Protektor, der mich empfohlen hätte, dann überschattete ein trauriges Ereignis ein etwaiges Studium in Rom. 1946 war Edgar Leibfried, ein Germaniker aus meinem Heimatort Echternach, bei einem Ausflug auf den Monte Velino (Apennin, zwischen Latium und Abruzzen) einem Schwächeanfall erlegen und vom Schneefall überrascht worden. Erst nach einem halben Jahr, nach der Schneeschmelze, fand man sein Skelett.

Das Schweizer Fribourg bot eine ausgezeichnete Alternative zu Rom. Hier gab es seit den Tagen von Prälat J. P. Kirsch, dem Professor für christliche Archäologie und Patrologie, sowie von Kanzler Abbé Weirich eine kleine luxemburgische Kolonie. Die Verbindung zu Fribourg in meiner Generation stellte Emile Donckel her, der Lehrer für Kirchengeschichte am Priesterseminar in Luxemburg. Er hatte vor dreissig Jahren hier studiert und unterhielt gute Verbindungen zu seiner Alma Mater, die zu seiner Zeit noch im Collège St. Michel untergebracht war. Seine Kontakte zu verschiedenen Mitstudenten wie Othmar Perler und Oskar Vasella waren nie abgebrochen. Donckels Schilderungen tauchten Fribourg in ein gemüthaftes, sympathisches Licht. Entscheidend aber war, dass ich hier eine Studienkombination belegen konnte, die es erlaubte, nach acht oder zehn Semestern mit dem Doktorat in Geschichtswissenschaften ohne vorausgehende Lizentiatsprüfungen abzuschliessen. Da Philosophie ohnehin zum theologischen Grundstudium gehörte, war es möglich, neben Geschichtswissenschaft im Hauptfach und Hilfswissenschaften im ersten Nebenfach, eine philosophische Disziplin als zweites Nebenfach zu wählen. Einige theologische Disziplinen wie Kirchengeschichte und Bibelwissenschaft waren organisch mit dem Studium der Geschichtswissenschaft verbunden. Das Doktorat bot einen vorzeigbaren akademischen Abschluss. Das war von Vorteil gegenüber den Eltern, die für mein Studium aufkamen und die eine Legitimation für mein Auslandsstudium wünschten.

Die philologischen Voraussetzungen, die das Gymnasium in Echternach/Luxemburg mir mitgab, waren alles andere als ideal. Die deutsche Besetzung des Landes hatte meinem Gymnasialstudium 1941 ein abruptes Ende bereitet. Nach 14 Tagen war ich wegen Nichtzugehörigkeit zur Hitlerjugend entlassen worden. Reguläres Lateinstudium konnte ich erst im Herbst 1945 unter löchrigen Umständen aufnehmen. Es regnete buchstäblich in die Klassenzimmer hinein, die in einem Seitenflügel der 1797 säkularisierten Benediktinerabtei untergebracht waren. Griechisch, einst Standbein der klassischen Matura, wurde nach 1945 an unserem Gymnasium nicht mehr gelehrt, obwohl die Schule sich jetzt mit dem Namen Lycée classique schmückte. Alle Fächer waren nachzuholen, vor allem Französisch, dessen Unterricht während der Besatzungszeit verboten worden war, weil das Land mit seiner moselfränkischen Mundart eingedeutscht werden sollte. Am Priesterseminar in Luxemburg hatte ich 1948/49 eine Stunde Hebräisch belegt; diese knappe philologische Übung als Hebraicum zu bezeichnen, wäre eine Beleidigung ernsthafter Bibliker gewesen. Das Bibelgriechisch, das in Fribourg Pflichtfach für die Nichtgriechen war, bot keinen Ersatz für ein jahrelanges Studium des klassischen Griechisch in den idyllischen Verhältnissen der Vorkriegszeit.

Ich rückte also mit grossen sprachlichen Mängeln und überzogenen Erwartungen ein. Im Latein gelang es mir einigermassen aufzuholen, zumal ich Mediävistik im Hauptfach sowie historische Hilfswissenschaften studierte. Griechisch und Hebräisch nachzuholen war aussichtslos. So konzentrierte ich mich in den ersten zwei Studienjahren auf das Mittelalter und die historischen Hilfswissenschaften wie Paläographie und Diplomatik. Gleich zu Beginn liess ich mir vom Mediävisten Hans Foerster mein Dissertationsthema geben. Diese Studienkombination war nur deshalb möglich, weil ich dem strengen Korsett der Studienpläne, wie sie in Priesterseminaren oder römischen Kollegien üblich waren, entwichen war. Niemand redete mir in die Organisation meines Studiums hinein. Konkret hiess das: im internationalen Theologenkonvikt Salesianum hatte ich mein Studium nur gegenüber meinem Bischof und gegenüber dem Regens zu verantworten.

Diese liberale Regelung hing mit dem Charakter des Hauses zusammen. Zwar war das Salesianum in erster Linie das Seminar der Diözese St. Gallen, zugleich aber bot es Studenten aus anderen Schweizer Diözesen und vielen anderen Ländern mit ganz unterschiedlichen Voraussetzungen und Studienzielen Kost und Logis. So gab es hier Deutsche, die an der Universität ihr Freijahr verbrachten, Amerikaner, die gerade aus der U.S. Armee entlassen worden waren, vereinzelte Polen, die zum Studium im Westen durch den Eisernen Vorhang durchgeschlüpft waren, englische Benediktiner, die ein B.A. von Oxford oder Cambridge besassen und jetzt in Fribourg ihre Theologie begannen. Ferner gab es Leute, die krankheitshalber ihr Studium unterbrechen mussten und in den Priesterseminarien den Anschluss an ihre Kurskollegen verpasst hatten. Einige waren bereits Priester und belegten in Fribourg eine Spezialisierung in philologisch-philosophisch-historischen Fächern oder in Naturwissenschaften, um für die Ablösung der geistlichen Lehrer an den zahlreichen Schweizer Klosterschulen bereit zu stehen. Schliesslich gab es solche, die probierten, wie sie mit Theologie zurecht kamen, ohne die strenge Disziplin eines Priesterseminars auf sich nehmen zu müssen. Nicht zuletzt gab es auch Laien, die statt einer Studentenbude in der Stadt ein geregeltes Leben im Konvikt vorzogen.

Geordnete Freizügigkeit gehörte zu den besonderen Vorzügen des Salesianums. Das Haus bot eine kirchliche Gebetsstruktur: Morgengebet und Hl. Messe, am Abend Meditationspunkte und Abendgebet. Ein Spiritual begleitete die Studenten. Am Sonntag war Hochamt und zumindest Komplet. Da die Vorlesungen der Universität ausser Haus stattfanden, war freier Ausgang praktisch jederzeit möglich. In der lateinischen Hausordnung, die den Konviktoren zugestellt wurde, hiess es: non licet cauponas adire, für Nichtlateiner: Wirtschaften dürfen nicht aufgesucht werden. Dafür war kein Bedürfnis vorhanden, ausser wenn Kutteln auf dem Menuplan standen. Die Ferien musste man nach eigenem Gusto und Geldbeutel organisieren. Repetitorien, wie sie in römischen Studienhäusern üblich waren, gab es nicht. Auch keine Anordnung, in den ersten zwei, drei Jahren in den Ferien nicht nach Hause zu dürfen, wie das für die Germaniker galt. Da ich mein Dissertationsthema so früh bekommen hatte, benutzte ich die Ferien, um in Archiven und Bibliotheken zu arbeiten. Von der schönen Schweiz habe ich in meinen Studentenjahren sehr wenig gesehen.

Eine grosse Enttäuschung wartete im Salesianum auf mich. Ich hatte mir Fribourgs Zweisprachigkeit idealisiert vorgestellt. Gewiss war Französisch die Hauptsprache des Kantons. Davon merkte man im Salesianum allerdings wenig. Das Haus war eine deutsche Sprachinsel in französischsprachiger Umgebung. Es wurde auch meist kein Hochdeutsch gesprochen, sondern Schweizer Mundart, d.h. St. Galler Dialekt, Basel- und Zürideutsch, walliser und andere regionale Dialekte. Die sprachlichen Erwartungen, die ich mir an der Realität vorbei ausgemalt hatte, fielen flach. Lust, eine weitere Mundart zu erlernen, war keine vorhanden. Denn von Luxemburg aus sprach ich bereits das Moselfränkische, das seine unverkennbaren Akzente hatte und mich viele Jahre lang mit der deutschen Grammatik in leichte Schwierigkeiten brachte. So zog es mich bei den Mahlzeiten und in der Freizeit zu denjenigen hin, die keine Mundart sprachen. Mit dem Polen Lech Stachowiak, einem späteren Bibelwissenschaftler in Lódz und Lublin, kam ich überein, in der halben Stunde nach dem Nachtessen lateinisch deambulierend Konversation zu pflegen. So weltfremd oder verschroben war das nicht, da fast alle Vorlesungen an der Universität in den philoso-

phischen und theologischen Fächern in lateinischer Sprache abge-
halten wurden.

Die Schweizer Theologenschaft im Salesianum war zu gesel-
ligen Zwecken mehrheitlich in der Leonina organisiert. Die Leonina war eine gute Einrichtung, nicht zuletzt im Blick auf spätere
Kontakte im Berufsleben und hinsichtlich der zahlreichen anderen
Studentenverbindungen, die damals das Studentenleben an Universitäten kennzeichneten. Doch für Nichtschweizer war das Ver-
bindungswesen wenig attraktiv. Denn damit blieben die Schweizer
etwas abgesondert von den anderen Konviktoren. Mein Verhältnis
zur Deutschschweizer Mundart blieb unter diesem Aspekt etwas
gestört. Gerne sprach ich die zwei anderen Schweizer Sprachen,
Französisch und Italienisch und belegte einen Sprachkurs beim
Tessiner Giovanni Laini an der Universität.

Vom Salesianum war es nicht weit über die Rue de la Miséricorde
hinunter zur Universität. Die Zahl der Studenten hatte sich gegenüber den Studienjahren von Emile Donckel dreissig Jahre zuvor
von 400 auf 1200 verdreifacht (heute sind es etwa 10'000). Aber es
war keineswegs so, dass die Studenten das Stadtbild beherrschten.
Die Universität hatte ein schmuckes Hauptgebäude, das Moder-
nität ausstrahlte. Es gab eine überschaubare Internationalität, die
Kontakte jenseits der eigenen Hausgemeinschaft ermöglichte. Ich
war stolz auf meine Empfehlungsschreiben an Othmar Perler und
Oskar Vasella; letzterer empfahl mich zugleich seinen Freunden,
darunter dem Philosophen Paul Wyser. Wenn Vasella sein Fahr-
rad schiebend mit den Augen zwinkernd zu einem kurzen Schwatz
auf der Strasse anhielt, dann fühlte man sich angenommen. Obwohl ich seine Vorlesungen zur Schweizer Geschichte nicht besuchte, begleitete er mich mit seinem gewinnenden Wesen durch
mein ganzes Studium. Hans Foerster, bei dem ich alle Vorlesungen
und Übungen belegt hatte, war ein gütiger älterer Herr, etwas ab-
geschnitten von der deutschen Geschichtswissenschaft. Er freute
sich über jeden Studenten, der seine Übungen besuchte und liess
es nicht an Zuspruch fehlen.

Zu den Dozenten der Theologie, fast alles Dominikaner, waren solche fast freundschaftlichen Beziehungen schwierig. Doch
verstand ich mich gut mit dem französischsprachigen Kirchenhi-
storiker Marie-Humbert Vicaire. Als 1953 mein Landsmann Jean-
Pierre Hild, Benediktiner der Abtei Clervaux, als Dozent für Litur-

giewissenschaft berufen wurde, hatte ich einen Gesprächspartner, mit dem ich mich über die theologischen und kirchenpolitischen Entwicklungen der Zeit gut unterhalten konnte. In vorzüglicher Erinnerung bleiben die Vorlesungen des Bibeltheologen Ceslas Spicq – ein Franzose aus tschechischer Familie – sowie des Alttestamentlers und Orientalisten Dominique Barthélemy, der seit 1957 in Fribourg biblisch-historische Kritik mit hervorragender Didaktik zu verbinden verstand. Aber wie rasch ändern sich die Massstäbe! Als ich zehn Jahre später nach Fribourg zurückkehrte, bemängelten einige der Jüngeren, bei Spicq gäbe es zuviel hineininterpretierte Bibeltheologie. Es war gerade das gewesen, was wir brauchten, um nicht in der Wüste der Philologie zu verdursten. Die heitere Art des Ordensmannes im weissen Habit hatte überdies evangelische Authentizität.

In der Theologie hatte ich den Cursus major belegt, spekulative Moraltheologie und Dogmatik. Die Vorlesungen in Latein waren für die meisten Professoren ein Hemmschuh. Während der Moraltheologe Thomas Deman ein elegantes Latein sprach – er starb bereits 1954 nach einer Blinddarmoperation – war der deutschsprachige Dogmatiker Adolf Hoffmann im Korsett der Sprache gefangen. Ich setzte mich in die erste Bank, um ihn zu verstehen. Weil das meist misslang, rückte ich hinauf in die oberen Bänke des grossen Vorlesungssaals, um Roger Martin du Gard, Proust, Bernanos und andere Franzosen zu lesen. Wie klar P. Hoffmann in deutscher Sprache zu vermitteln vermochte, erfuhr ich selber, als er einen Vortrag über die Menschenrechte hielt, von dem ich lesbare Notizen machte (31.1.1955). Er war zudem ein echter, gütiger Seelsorger, der zuzuhören vermochte. Im Rückblick des Alters taucht eine gewisse Beschämung auf, so kaltblütig den Professor hintergangen zu haben.

1951 erzählte uns ein Student der Nationalökonomie, Wilhelm August Gessel aus Frankfurt, der von Innsbruck nach Fribourg ins Salesianum gewechselt hatte, wie Studenten aller Fakultäten sich in Innsbruck zu den Vorlesungen der Rahnerbrüder, insbesondere von Karl, drängten. Die Begeisterung des Frankfurters, der noch im gleichen Jahr an einer Hirnhautentzündung starb, hallt in meiner Erinnerung nach.

Fribourg hatte gute Dozenten für das jeweilige Fachgebiet, doch kaum jemand, der wie ein Magnet auf Studenten anderer

Fakultäten wirkte. Wohl las Prof. Prinz Max Herzog zu Sachsen (†1951) russische Literatur für Studenten aller Fakultäten. Aber er war bereits zum Original geworden, der selten mehr als zwei Studenten hatte. Am ehesten kam dem Begriff eines Lehrers für alle Fakultäten der polnische Dominikaner J. M. Bochenski entgegen, der über Marxismus und Kommunismus las und ein ausgezeichneter Didaktiker war.

Einige Vorträge auswärtiger Redner hinterliessen bleibende Eindrücke. Ein deutscher Gastprofessor sprach skeptisch zurückhaltend über Stigmatisationen, in Sonderheit über Therese Neumann von Konnersreuth. Georges Bidault, der französische Aussenminister, und Robert Schuman hielten bei verschiedenen Anlässen Vorträge. Bidault, der zeitweise dem Alkohol stark zusprach, musste sich am Rednerpult festklammern, um die „contenance" nicht zu verlieren. Doch Robert Schuman, der Mann, den sein Parteikollege Bidault als Motor mit schwachem Antrieb bezeichnete, entwickelte eine unvergessliche europäische Zukunftsvision. Recht hatte Bidault in einem Punkt: der Kollege vom M. R. P. (Volksrepublikaner) war kein grosser Redner. Doch was Schuman an die Adresse der Jugend sagte, griff der Zeit voraus. Die Länder Europas hätten – unter Einschluss von Deutschland – eine einzigartige Chance, einen Staatenbund zu bilden. Die Hauptschwierigkeiten sah er auf psychologisch-moralischer Ebene: Verzicht auf ein eigenes nationales Parlament und auf eine nationale Armee. Hier liege die Zukunft Europas (12.2.1953). Auf Grund meiner Erfahrungen im Salesianum – die Absonderung nach Sprachgruppen – blieb ich lange ein hartnäckiger Euroskeptiker. Doch zum Glück setzte die Entwicklung diese Skepsis ins Unrecht. Der Gerechtigkeit willen muss ich nachtragen, dass ich als unsportlicher Typ keinen Anteil an den nonverbalen Kommunikationsmöglichkeiten besass, die der Sport, insbesondere der Fussball, bot.

Zu Gastvorträgen kam auch Hans Urs von Balthasar. Ein Vortrag, dessen Thematik mir entfallen ist, beeindruckte durch seine stupende Kenntnis der beiden Testamente. Ein anderer beschritt für die Mehrheit der Zuhörer kirchliches Neuland. Darin begründete Balthasar biblisch die Verantwortung der Laien. Er zog gegen die naive Überhöhung des Priesteramtes zu Felde, welche die Scholastik eingeleitet hatte. Die Aufgaben und Privilegien des Priesters seien nicht zu übertreiben; auch verhalte es sich nicht so, dass der

Frau in theologischer Hinsicht bloss eine passive Rolle zukomme (1.12.1953). Nicht so gut gefiel mir, dass er den historisch arbeitenden Dominikanerkollegen Yves Congar als Sammler bezeichnete. 1988, als Balthasar Kardinal geworden war, stimmte er mir eifrig zu, nun sei auch das Kardinalat von Congar fällig, das diesem dann 1994 tatsächlich verliehen wurde.

Der Besuch abendlicher Vorträge an der Universität war Theologen erlaubt, wenn der Regens nach vorheriger Anfrage seine Erlaubnis gab. Einmal brachte er mich in Schwierigkeiten, als er mich 1954 vor die Wahl stellte, entweder ein Konzert der Wiener Sängerknaben oder den kurz darauf folgenden Vortrag von Abbé Pierre zu besuchen. Ich entschied mich für die Wiener Sängerknaben. Etwas später stahl ich mich zum Vortrag von Abbé Pierre, der in der Aula magna der Universität einen Vortrag über das Elend der clochards hielt und kam gerade noch rechtzeitig, um zu sehen, wie Papierscheine in die Opferkörbe flatterten und die Damen sich zu dem gleichen Zweck ihrer Ringe, Armbänder und Colliers, entledigten (20.5.1954). Beim Besuch des Requiems von Mozart erteilte mir der Regens den Auftrag, Rektor Perler mitzuteilen, dass Wilhelm Schmidt SVD in der Klinik St. Anna gestorben sei (10.2.1954). Der grosse Anthropologe und Linguist, den ich sehr verehrte, hatte die letzten Monate seines Lebens im Salesianum verbracht.

Der Regens war auf den „goodwill" der Konviktoren angewiesen. Wie froh war ich, im Salesianum wohnen zu dürfen, angesichts der strengen Disziplin in anderen Seminarien. Ein belgischer Mitstudent erzählte von seinen Erfahrungen in Nevers: Gehäufte Vorlesungen, die von überlasteten Professoren gehalten wurden, Multiplizierung asketischer Übungen, keine Besuche, kein Ausgang in die Stadt, abends Überwachung auf den Gängen, ob auch alle zu Bett gegangen seien. Morgens Repetitorium und Ausfragen der Studenten. Unser Regens führte nur vereinzelt Kontrollen durch, wenn ein Examen etwas ausgiebig gefeiert worden war. Es war aber nicht zu vermeiden, dass das Vertrauen der Regentie mitunter missbraucht wurde. Ein Wiener erschlich sich mit gefälschten Papieren das Vertrauen des Regens und einiger Konviktoren. Auch ich liess bei der Angelegenheit etwas Federn.

Natürlich wurde unter den Studenten über kirchliche Karriereprognosen der Mitstudenten diskutiert. Kaum eine ging jedoch in

Erfüllung. Dass Andrzej Maria Deskur nach seiner Priesterweihe und den theologischen Examina einmal Titularbischof und Kardinal werden sollte, war sozusagen vorauszusehen. Für einen Posten an der römischen Kurie war er schon seiner Sprachkenntnisse wegen prädestiniert. Anfang der Siebziger Jahre begannen einige Lateinamerikaner aus San Salvador, Nicaragua und Kuba das Studium. Ihnen wurde prophezeit, sie seien auf bischöflicher Zielgerade: doch keiner von ihnen wurde jemals Priester. Wehen Herzens denke ich an den Kubaner mit den rollenden Augen. Er wurde später Pilot und verlor bei einer Bruchlandung beide Beine. Auch Benjamin Moran y Cabezudo, der bereits als Zwanzigjähriger zwei spanische Literaturpreise bekommen hatte, schaffte es nicht zum Priestertum. Von ihm hatte der bescheidene und zurückhaltende Benediktiner Basil Hume gemeint, er sei der künftige Erzbischof von Toledo. Doch er selber, der Mönch von Ampleforth, dem niemand eine bischöfliche Karriere zugetraut hätte, wurde Kardinal und Erzbischof von Westminster. Engländer versicherten mir, er besitze eine grössere geistliche Ausstrahlung als der Erzbischof von Canterbury. Vorauszusehen war, dass die integrierende Persönlichkeit von Jude Speyrer, Farmerssohn aus Louisiana aus einer Familie von zwölf Kindern, für ein kirchliches Leitungsamt gebraucht würde. Jude wurde 1980 erster Bischof von Lake Charles, Suffraganbistum von New Orleans.

Fehl am Platz war das Mitleid, das einige gegenüber einem Laien aus der kommunistisch beherrschten Tschechoslowakei empfanden. Nikolaus Lobkowicz aus tschechisch-österreichischem Hochadel hatte in Schwyz die Matura gemacht und studierte Philosophie. Was sollte ein Mann aus einer vermeintlich untergegangenen Gesellschaftsschicht für Zukunftschancen haben? Lobkowicz enttäuschte die Schwarzseher. Er hat von allen Konviktoren meiner Zeit das gemacht, was Menschenkinder als eine brillante Karriere bezeichnen. Er wurde in den USA an der Notre Dame ein anerkannter Kommunismusexperte, später Präsident der Universität München, zuletzt Präsident der Katholischen Universität Eichstätt. Und was das Wichtigste war und was niemand vorausgeahnt hatte: 1989 brach die kommunistische Herrschaft zusammen, und er konnte die Befreiung seiner Heimat erleben.

Zwei Schweizer Pfarrer hatten Zuflucht im Salesianum gefunden. Beide hatten aus entgegengesetzten Gründen Probleme in der

Seelsorge gehabt. Über den gestrengen Pfarrer August Ackermann und die Pfarrgemeinden, in denen er gewirkt hatte und die er zerstritten hinterliess, existieren viele Anekdoten. Er besass eine überaus reichhaltige Kollektion von Reliquien und hatte sich in eine grosszügige Abschreiberei lanciert, die er Presseapostolat nannte. Gerne verteilte er seine Schriften an die Studenten. Einmal hiess es per Anschlag am schwarzen Brett, bei Pfarrer Ackermann sei die neueste seiner Schriften zu beziehen: über sexuelle Perversionen bei Goldfischen. Der Regens war entsetzt, bis der Schuldige – zum Glück ein Laie – ermittelt war. Der andere Pfarrer, Ignaz Senn, war mit einem Teil seiner Pfarrkinder zu gut ausgekommen. An Sonntagen fuhren ganze Busse von Grenchen (Solothurn) nach Burgdorf (Bern), wohin er gewissermassen strafversetzt worden war. Als Bischof von Streng von Basel ihm das Vertrauen entzog, begann Senn in Fribourg ein Studium der Pädagogik und dissertierte über ein Thema der Jugendpsychologie. Ihm konnte man mal Stumpen rauchend, mal Brevier betend auf dem untersten Gang des Hauses begegnen. Senn – Cavaliere d'Italia, weil er sich als Pfarrer der italienischen Arbeiter besonders annahm – fragte mich einmal: „Wissen Sie, wie das in der Praxis zugeht, wenn es in einem römischen Dokument heisst: auf stürmischen Wunsch der Gläubigen erfolgt die Promulgation dieses oder jenen Dogmas? Damit verhält es sich etwa so: Nach einem Pfarrerkonvent, wenn die Pfarrer bereits aufbrechen, sagt der Dekan: ich habe da noch eine Petition aus Solothurn zur Unterzeichnung bekommen. Seid ihr einverstanden? Im Trubel des Aufbruchs erfolgt allgemeine Zustimmung."

Das war etwas drastisch und salopp formuliert, entsprach jedoch der nüchternen Art von Senn. Eine Erinnerung versöhnt die beiden so grundverschiedenen Männer: wenn sie miteinander einen Jass klopften oder einander nach den Mahlzeiten auf dem Gang Klerikerwitze erzählten und in schallendes Gelächter ausbrachen. Ein Beispiel für den guten Umgang verschiedener Temperamente und kirchlicher Richtungen untereinander, das leider zu wenig Nachahmung fand.

Das schönste Erlebnis meiner Zeit im Salesianum war 1954 die Uraufführung der „Barke von Gawdos" im Zürcher Schauspielhaus. Der Solothurner Herbert Meier war Hausgenosse, schrieb Gedichte und hatte eine Freundin namens Yvonne. In seiner nachdenklichen Art war er von allen gut gelitten. Mit einigen Freunden aus dem Haus und aus der Stadt fuhren wir zur Aufführung nach Zürich. Bei der Aufführung des Stücks, das die Gottesfrage thematisierte, kam ich neben Hans Urs von Balthasar zu sitzen. Aus Angst und Respekt vor dem grossen Mann brachte ich kaum den Mund auf. Wolfgang Stammler, Herberts Doktorvater, bekannte, nur einmal sei es ihm in seiner langen Dozentenzeit passiert, dass einer seiner Studenten noch vor der Promotion ein Theaterstück zur Aufführung bringen konnte.

In den 50er Jahren ging eine Epoche zu Ende, die trotz des Horrors des Holocausts und des Weltkriegs Gott und Kirche weder aus der Literatur noch aus den schönen Künsten verbannt hatte. Bewundernd schaute man in den frühen fünfziger Jahren nach Frankreich hinüber. Mit Übersetzungen von Claudel, Bernanos, Mauriac, Green und mit Reinhold Schneider war auch im deutschsprachigen Raum eine epochale christlich-kulturelle Präsenz markiert, die im „renouveau catholique" die Voraussetzung für die Aufbrüche des Katholizismus im 20. Jahrhundert geschaffen hatte. Ihr entsprachen sprachmächtige Theologen und Zeitdeuter wie Guardini, Balthasar und Rahner oder geistliche Schriftsteller wie Otto Karrer und Karl Pfleger. Sie machten die Defizite der Schultheologie wett. So sehr hatte ich versucht, mich des meditativ-verschlungenen Stils von Guardini zu bemächtigen, dass ich mich bei meiner Probepredigt, die jeweils nach dem Abendessen stattfand, verhaspelte und stecken blieb. Regens Boxler hüstelte sanft und tröstete den Versager.

Die Verurteilung der Arbeiterpriester 1953/54 verletzte und beschämte. Aber das Gesamtbild der Kirche erlitt für die meisten von uns keinen irreparablen Schaden. Wohl war zu spüren, dass neue Sonden und Analysen fällig waren. Überfällig schien mir die anthropologische Durchleuchtung allzu leicht über die Lippen gehender theologischer Begriffe wie beispielsweise „Berufung". Damit hatte ich Schwierigkeiten, auch nachdem Andrzej Deskur mir versicherte, sobald die Kirche, d.h. hier der Bischof, die Hände auflege, dürfe man seiner Berufung zum Priestertum sicher sein. Dennoch fand ich die empirische Studie des Immenseer Missionars und Mitbewohners des Salesianums Jakob Crottogini über „Werden und Krise des Priesterberufes" keineswegs überflüssig. An dieser Studie hatten neben 621 Theologiestudenten im In- und

Ausland durch die Beantwortung des Fragebogens auch die Studenten des Salesianums mitgewirkt.

Auf Grund einer positiven Vorbesprechung und Ankündigung des Buches, zu dem Bischof Caminada von Chur das „Nihil obstat" erteilt hatte, geriet der Benziger Verlag in grosse Schwierigkeiten. Durch die drei in der Vorbesprechung etwas ausführlicher behandelten Kapitel über „Sexus, Eros, Zölibat" wurde der Kölner Generalvikar Josef Teusch aufgeschreckt: Was geschähe, wenn der „Spiegel" ein Exemplar des Buches in die Hand bekäme!

Aufgeschreckt durch diesen Alarmruf, bat die Deutsche Bischofskonferenz den Schweizer Episkopat, dafür zu sorgen, dass das bereits in 4000 Exemplaren gedruckte Buch nicht für den Buchhandel freigegeben werde. Da alle Schweizer Bischöfe die Veröffentlichung der Studie befürworteten, schaltete sich das Sacrum Officium in Rom ein und verbot kurzer Hand das ganze Buch. Unter der Hand wurden im Laufe der Jahre doch alle Exemplare „unveröffentlicht" weitergegeben.

Es war für mich eine grosse Freude, dieses Buch bei meiner Primiz in Echternach/Luxemburg am 25. Sept. 1955 auf dem Büchertisch zu finden. Die massenhaften Amtsniederlegungen von Priestern nach dem Vatikanischen Konzil bewiesen, dass Crottogini den Finger auf eine wunde Stelle gelegt hatte, die theologisch allzu elegant zugedeckt worden war.

Dass in unserer Ausbildung wichtige Problembereiche nur ungenügend zur Sprache kamen, war nicht zu übersehen. Mich hat die Indizierung der Arbeiten des französischen Arztes und Priesters Marc Oraison sowie des Arztes Dr. Hénard über Christentum und Sexualität (1955) besonders berührt. Völlig entgangen aber war mir, dass in den Jahren, wo ich in Fribourg studierte, von hier aus seriöse Bemühungen ausgingen, Seelsorge und Priesterausbildung mit der Entwicklung der Humanwissenschaften ins Gespräch zu bringen. Der Pastoraltheologe Xavier von Hornstein, der als Pfarrer in Basel seelsorgliche Erfahrung besass, war mit einigen seiner Kollegen von der medizinischen und naturwissenschaftlichen Fakultät als Gründer der Zeitschrift „Anima" ein diskreter, ernsthafter und unterschätzter Bahnbrecher. Bei einzelnen Mitstudenten schwang wegen der Übergewichtung der spekulativen Fächer, in denen examiniert wurde, gegenüber der Pastoraltheologie ein herablassender Dünkel mit. Erst in den höheren Semestern war zu vernehmen, dass es auch unter Fribourger Dominikanern Dozenten gegeben hatte, die mit ordensinternen oder römischen Zensoren in Konflikt geraten waren. Hatten doch 1953/54 besonders die französischen Dominikaner intern ihre eigenen Probleme, von denen wir Studenten an der von Dominikanern bestellten Theologischen Fakultät nur wenig erfuhren. Die Kirche stand fest, nicht gerade ein makelloses Haus der Glorie, aber auch keine verfallende Hütte. Ecclesia semper reformanda. Die etwas verstaubte Pilgerin auf dem Weg ins himmlische Jerusalem war nur solidarisch zu reformieren. Yves Congar hatte in verschiedenen Büchern, insbesondere in „Vraie et fausse réforme dans l'Eglise" wegweisende Leitbilder einer Erneuerung aufgestellt. Ein Mitleiden an der Kirche war eine Selbstverständlichkeit. Denn wie anders sollte das Weizenkorn in der Kirche Frucht bringen?

Die vorhergehenden Erinnerungen beziehen sich auf meinen ersten Aufenthalt im Salesianum 1949-56. 1963 kehrte ich zurück in der Absicht, einen akademischen Abschluss in Theologie zu machen. Dazwischen lagen wichtige Jahre, in denen sich nicht nur mein Blickfeld geweitet, sondern auch einiges in Kirche und Welt in Bewegung geraten war. Ich konnte auf eine zweijährige nahezu idyllische Kaplanszeit in Luxemburg zurückblicken, hatte 1958 ein Alexander von Humboldt-Stipendium für München bekommen und längere Zeit an Bibliotheken in Cambridge und London gearbeitet. 1959 überraschte Johannes XXIII. die Welt mit der Ankündigung eines Konzils. Im Salesianum hatte der Aargauer Katechet August Berz den asketischen St. Galler Karl Boxler als Regens abgelöst. Eine neue Theologengeneration war ins Salesianum eingerückt, darunter einige wie Othmar Keel und Rolf Weibel, die als Laien Theologie studierten. Aus den Diskussionen, die sie untereinander führten, waren kritischere Töne herauszuhören als zehn Jahre zuvor.

Im Salesianum war ich inzwischen für die Mahlzeiten an den Priestertisch aufgerückt. Die vorher an den Seitenaltären sich ablösenden Privatmessen waren nun durch eine gemeinsame Zelebration der Priesterkommunität ersetzt. Das Konzilsklima weckte Hoffnungen und Erwartungen, von denen einige erfüllt wurden, andere nicht. Wie sollte es auch anders sein! Wie verschieden Wahrnehmungen sein können, erfuhr ich bei meinem so friedlichen vietnamesischen Zimmernachbarn. Als am 22. Nov. 1963 die Schüsse von Dallas fielen, sagte er, das sei die verdiente Strafe dafür, dass die Amerikaner kurz zuvor den südvietnamesischen Präsidenten Diem, der mit seinem Familienclan das Land drakonisch zusammenhielt, fallen gelassen hatten.

Das Konzil hatte auch Auswirkungen an der Universität. Mir war 1951/52 unangenehm aufgestossen, dass der in deutscher Sprache vortragende Gilles Meersseman – ein verdienter Erforscher des italienischen Bruderschaftswesens – die katholischen Lutherforscher Adolf Herte, Johannes Hessen und Joseph Lortz kumulativ als katholische Konjunkturritter und Opportunisten abkanzelte. Bei meinem zweiten Aufenthalt gab der Fundamentaltheologe Heinrich Stirnimann auf die Frage zur „Reformation in Deutschland" – ein bahnbrechendes Werk für die katholische Bewertung der Reformation – in einer Spezialvorlesung über Luther den Bescheid, das Buch von Lortz sei jetzt überholt. Beide hatten Unrecht; der fleissige Mediävist hatte übersehen, dass die Zeit konfessionellen Polterns ihrem Ende entgegengegangen war, der Fundamentaltheologe, dass Systematiker auf den Schultern von Historikern stehen, die zuerst ein Problembewusstsein wecken mussten, um ein elementares Verständnis anderer christlicher Positionen zu ermöglichen.

177

Das fehlende Problembewusstsein in Dogmatik und besonders in Moraltheologie empfand ich zunehmend als beengend. Nach einem Jahr kapitulierte ich und gab die Absicht einer theologischen Promotion auf. Aber wohin? Anton Meinrad Meier aus Malters, Weihejahr 1958, der unbeirrt seine moraltheologische Dissertation zum Abschluss brachte, vermittelte mir eine Stelle als Aushilfspriester im Kinderheim Grenchen, wo er als Vikar gewirkt hatte und einige Jahre später als Heimdirektor zurückkehren sollte. Bis heute ist die Anhänglichkeit an das Kinderheim St. Joseph bei mir lebendig geblieben und hat mir ein Stück heimatlicher Geborgenheit geschenkt. Den Rückblick auf die Lebensjahre in Fribourg, in denen sich die eigenen gelungenen und gescheiterten Lebensprojekte spiegeln, möchte ich mit den Worten Basil Humes, des Mitkonviktors im Salesianum, abschliessen: „Ein jeder von uns hat eine Geschichte, oder wenigstens den Teil einer Geschichte, über die wir mit niemandem sprechen konnten, aus Angst, missverstanden zu werden, aus Furcht falscher Interpretationen. Die Unkenntnis der dunklen Seiten unseres Lebens oder Scham bereiten vielen Menschen Schwierigkeiten. Unsere wahre Geschichte wird deshalb von den Menschen nicht erzählt, nur ein Teil davon. Was für eine Erleichterung wird es für uns sein, wenn wir hinübergehen und das alles ganz frei und ohne Vorbehalt in Gottes mitfühlendes Ohr flüstern. Das ist das, was Gott immer wollte. Er empfängt uns, seine verlorenen Kinder, mit einer liebenden Umarmung. Und in dieser Umarmung vertrauen wir ihm all das an, was wir niemand sagen konnten."

MISSION

Urs Studer

Als Missionar in Burundi

Dieser Artikel zum 100-jährigen Jubiläum des Salesianums gibt mir Gelegenheit, darüber nachzudenken, wie die fünf Jahre (1980-85), die ich in diesem Haus gewohnt habe, mit meiner jetzigen Mission in Burundi zusammenhängen

In die Weite schauend

Das Salesianum schaut in die Weite. Damit spreche ich zunächst seine geographische Lage an: Der Salesianum-Hügel gibt den Blick frei auf weite Teile des Freiburger Landes bis hin zu den Alpen. Da ich mein Zimmer im 5. Stock hatte, fiel mir das vielleicht besonders auf: Das Zimmer war zwar speziell klein; aber irgendwie gab dieser Blick in die Weite die entsprechende Ergänzung...

Aber auch im Haus selbst wurde mir der Blick in die Weite geöffnet: Leute mit verschiedensten Horizonten lebten hier zusammen: Priester, Ordensleute (damals noch die im Haus arbeitenden Schwestern) und Laien; Studenten, die sich auf das Priestertum oder auf eine Missio als Pastoralassistenten vorbereiteten, und Studenten der verschiedensten Fakultäten (je etwa 50%); Deutschschweizer, Welsche (damals insbesondere das Walliser Seminar) und Tessiner (ebenfalls Seminar); Ausländer von verschiedenen Nationalitäten...

Das alles unter einen Hut zu bringen, war nicht immer leicht für die Leitung des Hauses. Es gab auch Spannungen: Ich denke etwa daran, dass wir Deutschschweizer uns aufregten, wenn die Welsch-Walliser, nachdem sie ihr Essen „hinuntergeschlungen" hatten, bereits als Tischdienst unsere Tische abwischen wollten und wir doch noch so ganz gemütlich (typisch un-deutschschweizerisch!) am Essen und Plaudern waren. Gelegentlich haben wir dann zum Trotz noch langsamer gemacht! (Je demande pardon à mes amis valaisans d'antan parce que j'écris avec peu de „political correctness", mais la vie implique des tensions; vous, de votre part, vous vous étiez certainement aussi fâchés de ces Alémaniques qui traînaient si longtemps à table!). Ernsthaftere Spannungen gab es wohl zwischen den deutschsprachigen Theologen, insbesondere zwischen „Progressiven" und „Konservativen". Ohne ins Detail zu gehen, bedauerte ich „Jonas" (für nicht Eingeweihte: Josef Wick, der damalige Regens), der irgendwie „das Ganze zusammenzuhalten" hatte!

Toleranz erforderten auch gewisse etwas skurrile Typen wie etwa ein Student, der an seiner Zimmertür ein Guckloch anbringen liess, was ihm offenbar mehr Sicherheit verlieh!

Trotz dieser Spannungen möchte ich die Zeit im Salesianum nicht missen, hatte ich doch Gelegenheit, mich in Toleranz zu üben – in einer Toleranz, die sich nicht begnügt, einander nur zu ertragen, sondern die aus der Verschiedenheit zu einer „fruchtbaren Synthese" gelangen möchte! Dieser Aspekt kam im Salesianum vor allem bei den verschiedenen Festen zum Ausdruck: Trotz aller Unterschiede bildeten wir eine Einheit!

Was hat nun aber all das mit meinem jetzigen Leben zu tun?

Der Blick in die Weite wurde für mich besonders aktuell, als ich 1989 für einen Einsatz in Burundi angefragt wurde. Ich kannte das Land nur von einem zweiwöchigen Ferienaufenthalt 1988 her. Trotzdem brauchte ich nur drei Tage Bedenkzeit, um zu diesem Einsatz ja zu sagen: Ich war bereit, mich in eine völlig neue Kultur hineinzubegeben!

Bereits einen Monat nach meiner Ankunft war ich in Karinzi, einer ländlichen Pfarrei im Landesinneren, tätig. In all den 16 Jahren lebte ich nie mit Europäern, sondern ausschliesslich mit Barundi zusammen. Mühsam erlernte ich – meist in autodidaktischem Studium – das Kirundi, eine Bantu-Sprache, mit der es keinerlei Ähnlichkeit gibt, die aber glücklicherweise sehr logisch aufgebaut ist. Über die Sprache hinaus ging es mir darum, die Kultur kennenzulernen und zu bejahen. Das bedeutet viel bewusste Kleinarbeit. Heute sagen einige Barundi, ich würde ihre Kultur besser kennen als sie selbst!

Der weite Blick hat mir sicher auch im Bürgerkrieg geholfen, der Burundi seit 1993 heimsucht und erst jetzt (hoffentlich endgültig) im Abklingen begriffen ist. Toleranz bedeutete für mich zunächst konkret, sowohl mit Hutus als auch mit Tutsis im Kontakt zu bleiben und aufzunehmen, was sie bewegt. Zudem habe ich versucht, sie auch zusammenzubringen, dass sie aus ihren Ghettos

Mutter mit Kindern
beim Korbflechten
in Mutumba

herauskommen und sich gegenseitig (hoffentlich auch positiv) erleben. Ein wichtiges Ereignis war, als wir uns im Jahr 2000 mit mehreren Hunderten Gläubigen aus unserer „Tutsi“-Pfarrei auf eine „Prozession“ in eine „Hutu“-Pfarrei hier in Bujumbura machten. Wir wurden sehr herzlich aufgenommen, und bald darauf folgte der Gegenbesuch. Später fanden etliche ähnliche Kontakte statt. Solche sind wohl ebenso wichtig wie „offizielle“ Versöhnung, die „von oben“ her inspiriert wird!

Ich habe mir einen in die Weite schauenden Geist zu bewahren versucht.

Im Zentrum gelegen

Ich schätzte die zentrale geographische Lage des Salesianums: In wenigen Minuten war man an der Universität und bald darauf am Bahnhof. Auch die anderen strategisch wichtigen Punkte Freiburgs waren alle in Reichweite. So erinnerte mich vieles an meine Heimatstadt Olten: Auch dort wohnten wir in der Nähe des Bahnhofs und waren so „mit ganz Europa verbunden“. Ruhige Wohnlage und doch im Zentrum: Das habe ich im Salesianum wieder gefunden und geschätzt.

Diese Zentrumsfunktion hat aber auch eine wesentlich geistige Dimension: Im Zentrum laufen verschiedene Geistesrichtungen zusammen, begegnen sich und bekämpfen sich wohl gelegentlich auch. Das ist für mich der Vorteil des Zentrums gegenüber der „Provinz": Provinziell bedeutet eintönig, langweilig, mit wenig Herausforderungen...

Ich hatte Freiburg als Studienort wesentlich auch darum gewählt, weil hier eine ganze Universität mit allen Fakultäten (und sogar zweisprachig!) bestand. Ich versprach mir davon eine gegenseitige „geistige Befruchtung". Zwar war das dann an der Universität selbst weniger als erwartet der Fall, oder ich suchte es vielleicht zu wenig bewusst.

Dafür erlebte ich das Salesianum umso mehr als einen Ort vielseitiger Begegnung: nicht nur mit den hier wohnenden Studenten, sondern auch mit zahlreichen Besucherinnen und Besuchern. Im Salesianum konnte ich z.B. – um nur ein wichtiges Beispiel zu nennen – Karl Rahner kennen lernen und zwar interessanterweise nicht so sehr als Gelehrten, sondern als Mann des Gebetes. Er feierte andächtig eine Messe in der Schwesternkapelle mit!

Mein Zimmernachbar studierte Psychologie, und ich erinnere mich, wie wir manchmal bis weit in die Nacht hinein intensiv über Theologie und Psychologie diskutierten! Andere Beispiele solcher Art liessen sich aufzählen...

Ich fühlte mich im Salesianum nicht eingeschlossen – weder

Frauen auf der
Fusswallfahrt
zum Mont Sion in
Bujumbura

physisch (jeder hatte seinen eigenen Hausschlüssel) noch geistig (man war mit allen möglichen Ideen konfrontiert). Das Kontrollsystem war aufgegeben worden zugunsten einer verantwortlichen Suche nach der eigenen Position.

Kurz: Ich kam mir im Salesianum nicht abgeschottet von der gesellschaftlichen Realität vor, sondern irgendwie mittendrin – im Zentrum!

Was hat all das nun aber mit meinem jetzigen Leben zu tun?

Burundi scheint ja nun wirklich nicht im Zentrum zu liegen. In der Tat hat mich aber diese abgeschiedene Lage nicht daran gehindert, mich auf dem Laufenden zu halten: Ich habe gelernt, dass auch ein einfaches Radio und Zeitungen, die mit zwei Wochen Verspätung aus Europa eintreffen, sehr informativ sein können. Wenn ich in Europa bin, staunen andere gelegentlich darüber, wie viel ich über die aktuelle Lage dort weiss!

Geistig im Zentrum zu sein hat mich auch bewogen, noch weitere Studien anzugehen: Im Fernstudium studiere ich Psychologie (Südafrika) und Ökonomie (Elfenbeinküste/Frankreich). Das bedeutet für mich eine Herausforderung, der ich mich gerne stelle.

Aber ich will natürlich auch in Burundi irgendwie im Zentrum sein: Zu Hilfe kommt mir dabei (geographisch), dass ich seit 13 Jahren in der Hauptstadt Bujumbura wohne. Hier ist ja alles noch viel stärker auf die Hauptstadt konzentriert als das in unserer dezentralisierten und föderalistischen Schweiz vorstellbar ist. So bekomme ich aus nächster Nähe mit, was sich gesellschaftlich, kulturell, politisch, ökonomisch, religiös... tut. Alles versuche ich mit einem wachen Auge mitzuverfolgen.

In der Hauptstadt bin ich dann noch einmal im Zentrum: Unsere Pfarrei ist wirklich mitten drin in Bujumbura. Allerdings bin ich froh, dass ich nicht in einem Quartier der Reichen wohnen muss. Unsere Bevölkerung lässt sich als unterer Mittelstand klassieren: Beamte, Kleinhändler, Arbeiter... So bleibe ich mit den einfachen Leuten in Kontakt.

Und dieser Kontakt ist mir sehr wichtig: Um ihn möglichst natürlich zu gestalten, arbeite ich (wie ich das übrigens schon in der Schweiz machte) oft im Freien (ich bin kein „Büromensch"). Auch jetzt, wenn ich am Abend diesen Artikel schreibe, sitze ich draussen in der Nähe der Strasse. So kommen öfters Leute vorbei und es ergibt sich ungezwungen Kontakt. Im Zentrum zu sein bedeutet für mich Lebensqualität!

Auf einem Hügel stehend

An der geographischen Beschreibung des Salesianums würde natürlich etwas fehlen, wenn ich nicht den Hügel erwähnte. Der Hügel erlaubte Abstand zu nehmen, die Übersicht zu suchen und sich „nach oben" zu orientieren. Vielleicht ist es ja nicht von Zufall, dass sich in unmittelbarer Nachbarschaft zum Salesianum eine Sternwarte befindet!

Auch dieser Hügel hat für mich natürlich eine symbolische Bedeutung: Es ist der Ort des Studiums: Die ruhige Lage schuf diesbezüglich ausgezeichnete Bedingungen. Auch der Park um das Haus herum war ideal, wurde allerdings meiner Meinung nach viel zu wenig genützt.

Studium bedeutete vieles: nach-denken, mit-denken, über-denken, vor-denken... Ich denke, dass das Salesianum dafür – abgesehen von der geographischen Lage – nur gute Voraussetzungen bot.

Der Hügel symbolisiert für mich aber auch den Ort des Gebets. Ich muss gestehen, dass ich das spirituelle Programm des Salesianums damals als ungenügend empfand. Aber es war ja objektiv schwierig, mit Leuten ganz verschiedener theologischer Obödienz gemeinsam etwas Geistliches zu tun. Praktisch alle Angebote waren nicht obligatorisch. Das hatte den Vorteil der freien Entscheidung. Das weitgehende Fehlen eines festen spirituellen Rahmens trieb uns auch zur Kreativität und Eigeninitiative, und war es nur, dass man sich zu dritt oder viert zu einer Hore des Stundengebets zusammentat...

Geistliche Begleitung (oder gar Vaterschaft!) war in meinen Studienjahren kleingeschrieben. Vielleicht führte das aber indirekt auch dazu, dass man unter „Gleichgesinnten" vermehrt das geistliche Gespräch suchte. Und das ging über die Sprachgrenzen hinweg: Ich erinnere mich z.B. an intensive Gespräche solcher Art mit Tessiner Seminaristen! Irgendwie tröstend für mich war, dass im Tabernakel der Herr jederzeit in Reich- und Rufweite war!

Das Salesianum war für mich auch ein Ort der Prüfung meiner Berufung zum Priestertum. So hat das Salesianum – trotz allem – für mich seine „Hügel-Funktion" erfüllt.

Was hat das alles mit meinem jetzigen Leben zu tun?

Überall wo ich hinkam, suchte ich den „Hügel". Das bedeutet zunächst einen Ort des Studiums oder – allgemeiner gesagt – Bedingungen, die Nachdenken ermöglichen.

Als Missionar ist man ja wohl besonders versucht, alles selbst in die Hand zu nehmen – bis hin zum Auswechseln einer Glühbirne!

Ich habe mir angewöhnt, möglichst vieles zu delegieren und mich auf mein „Kerngeschäft" als Priester zu konzentrieren. Das schafft einerseits zahlreiche selbständig und verantwortungsbewusst mitarbeitende Personen – und gibt anderseits mehr verfügbare Zeit und weniger Stress!

Als „Nebenprodukt" habe ich dann also Zeit zum Reflektieren. Da geht es einerseits um das eigene Leben und Handeln, aber dann gilt es, dieses in grössere Zusammenhänge hineinzustellen durch vertiefte theologische Überlegungen, aber auch durch die anderen bereits erwähnten Studien.

In diesem Zusammenhang hat sich mir übrigens noch ein weiteres Tätigkeitsfeld eröffnet: Ich gebe Vorlesungen an einer Methodisten-Universität. Natürlich wollte ich mich in der Theologie engagieren, aber die Methodisten haben wohl Angst, ich könnte ihre „Schäfchen" vom rechten Weg abbringen! Sie teilten mir dann Vorlesungen in Sozialarbeitsstudium und Pädagogik zu. Dieser Aufgabe, die für mich eine neue Herausforderung darstellte, gehe ich mit Freude und Eifer nach.

Überall wo ich hinkam, suchte ich auch den „Hügel" als Ort des Gebetes. Als Missionar habe ich ja nicht immer einen schön geregelten Tagesablauf. Da könnte das Gebet leicht „untergehen", wenn es in einem starren Rahmen ablaufen sollte. Aber vom Salesianum her bin ich ja an Flexibilität und Kreativität gewöhnt. So schätze ich hier für die Meditation die frühmorgendliche Ruhe. Aber je nachdem gibt es auch während des Tages andere günstige Momente.

Etwas anderes, was ich im Salesianum gelernt hatte, kommt mir hier auch zugute: die Toleranz. Alle Formen, die gebraucht werden, sind nicht immer nach meinem Geschmack. Was bei afrikanischen Gebetsformen für ein europäisches Auge oft als Lebendigkeit aussieht, kann leicht auch zur Oberflächlichkeit abgleiten und sogar „Opium des Volkes" werden. Mir sind solide Fundamente im Glaubensleben wichtig. Aber das bedingt oft (hoffentlich nicht billige) Kompromisse. Der „Hügel" ist für mich also wichtig geblieben.

Ich schliesse dieses Mit-teilen von einigen Gedanken zur Aktualität des Salesianums in meinem Leben mit einem Wunsch: unserem „Alten Haus" und uns allen ein schönes Jubiläum!

Lothar M. Zagst

Das Haus
mit geöffneten Fenstern zur Welt

Das Haus, das Weltkirche erfahren liess,
den Geist für die Missionen entzündete,
Einheit in der Vielfalt der Spiritualität lebte,
die Liebe zu einer Kirche im Aufbruch stärkte.

Wie ich 1961 im Salesianum ankam

Als Einzelgänger kam ich nach Fribourg, aufgewachsen in einer
neuen lebendigen Nachkriegspfarrei der Diaspora. In den Fasten-
predigten hatten Weisse Väter, Redemptoristen, Strassenprediger
in mir schon früh den Wunsch nach Mission geweckt. Mein Re-
ligionslehrer Johannes Utz machte mich auf das Salesianum in
Fribourg aufmerksam. Weltkirche, Internationalität sprach mich
sofort an.

"Gott, wenn Du mich brauchen kannst, so wirst Du mir den
Weg zeigen", war meine Bitte in der Wallfahrtskirche der Stuttgar-
ter Madonna. In Fribourg begegnete ich meinem späteren Regens
Dr. August Berz, der mich ruhig anhörte und mir die Möglichkeiten des Studiums an der Universität und des Lebens im Konvikt Salesianum als internationalem Seminar aufzeigte. Er schickte
mich noch am selben Tag zum Bischof von Basel, Franziskus
von Streng, damit ich von Anfang an in Bezug zu einem Bistum
studiere.

In Solothurn wurde ich sofort vom Bischof persönlich empfangen. Er akzeptierte meinen Wunsch, im Salesianum zu wohnen.
"Fangen Sie ruhig an zu studieren, der Regens wird mir über Sie
berichten. Der Bischof freut sich über jeden, der dem Ruf des
Herrn folgt. Nun gebe ich Ihnen noch den Segen Gottes." 1966
durfte ich von Bischof Franziskus die Priesterweihe empfangen.

Unglaublich: in dieser für mich bedeutsamen Phase meines Lebens durfte ich von zwei wichtigen Männern der Kirche soviel Vertrauen und Brüderlichkeit erfahren, ohne Test, ohne Papierkrieg,

Einweihungsfest
des Kindergartens
„Drei Könige", der
durch Spenden
vom Sternsingen
finanziert wurde

Lothar Zagst
begleitet mit
seinem Akkordeon
die Lieder im
Gottesdienst

Bewerbungsschreiben, nichts von Excelentísimo y Reverendísimo. Ich nahm es dankbar und glücklich als klare Antwort an, die mir Gott durch seine guten Hirten gegeben hatte.

Mit meinem gefüllten Koffer kam ich kurz darauf wieder im Salesianum an, das allerdings voll besetzt war. Der Regens tröstete mich, vorübergehend käme ich in Saint Justin unter. Bald wurde ein Platz frei, und ich bekam im 4. Stock genau über dem Eingang ein privilegiertes Zimmer, da im Salesi nur Lizentianden, Doktorkandidaten und Mönche im 4. und 5. Stock wohnten. In der damaligen Zeit konnte man mit einem Trick auch den Lift von aussen steuern, was mich manchmal in Versuchung führte, meine englischen Benediktiner, nachdem sie schon im Aufzug nach oben kamen, nochmals in den Keller zu schicken.

Im Speisesaal sassen wir alle gemischt, wohlgemerkt, zu meiner Zeit aus 17 Nationen. Darunter befanden sich immer auch einige Laienstudenten. Man durfte schon hier erfahren: wer Haus und Heimat, Vater und Mutter verlässt um meinetwillen, durfte im Salesianum Vielfaches mehr empfangen. Mit den Benediktinern aus England und den Chorherren von Saint Maurice machten wir uns unter Mönchen vertraut mit dem Chorgesang. Die Berufung Gottes unter und mit so verschiedenen Menschen, Nationen und Kulturen zu erfahren und darin bestärkt zu werden, blieb für mich eine der tiefsten, nachhaltigsten und beglückendsten Erfahrungen, die ich im Salesianum erleben durfte.

Mit der weltweiten Kirche vernetzt

Der Weg zur Universität, die massive Präsenz der Theologen, offener Kontakt zu andern Fakultäten, die Zusammenarbeit im Studium, Latein, Französisch, Wallfahrten, der sonntägliche Ausflug nach Notre Dame du Vorbourg bei Delsberg im Jura, der Adventsgang nach Hauterive, der Besuch bei den Karthäusern, die unvergessliche Fronleichnams-Prozession in Fribourg vor dem II. Vatikanischen Konzil mit den über 60 Orden und Kongregationen: all dies war ja nur möglich durch das Konvikt Salesianum.

Unvergesslich für mich war auch die schlichte, kluge und väterliche Art und Geduld von Regens August Berz. Er lehrte uns ohne Demütigung, Verantwortung zu übernehmen, uns zu entschuldigen, also uns zu stellen für ein Fehlen oder Versagen. Oft habe ich diese Haltung meines Lehrers selbst gelebt in Geduld gegenüber einer ganz andern Mentalität und unter ganz anderen Umständen, besonders mit Randgängern.

Um noch einmal auf die Vielfalt der Spiritualitäten im Salesianum zurückzukommen: Diese Erfahrung gab ich immer als Ermutigung in der Pastoral weiter: Offensein für den andern als Impuls, sich nicht einzuschliessen, sich zu freuen am Wirken des Geistes Gottes. Über die Kontakte im Salesianum konnte ich mit Jugendlichen ganz neue Verbindungen internationaler Art aufnehmen.

Der Notruf aus Ecuador vor 20 Jahren brachte 1986/87 schliesslich den Aufbruch in die Mission für die Geschädigten der Überschwemmungskatastrophe "fenómeno del niño". Nach Ecuador machten sich schliesslich mit meiner Entscheidung 12 junge Frauen und Männer aus der kirchlichen Jugendarbeit für 1 Jahr auf den Weg. Manche blieben, auf verschiedene Pfarreien verteilt, und vier verheirateten sich schliesslich mit einem(r) Ecuadorianer(in), und vier sind immer noch im Land tätig, im Brunnenbau, als Leiterin in der Klinik und Maternidad (Entbindungsstation), als Reiseleiter und Bergführer. Ich selber wirke als Landpfarrer mit 31 Dörfern und 11 Laienhelfern/innen (jetzt Ecuadorianern) und als Mitleiter der PROLICA „Pro liberación Campesina", eine Organisation der Reisbauern, die der ecuadorianischen Bischofskonferenz direkt den Reis für unterernährte Kinder an Bergschulen verkauft. Weiter zu erwähnen sind unsere Don Bosco Grundschule, die Werkstatt und Berufschule/Nähschule sowie die Klinik Sta. Maria, die mit Mitteln aus Pfarreien, vieler Einzelner und ehemaliger Jugendlicher usw. erstellt werden konnten. Zirka 40 junge Frauen und Männer gründeten einen Verein zur Förderung Jugendlicher, aus Dankbarkeit für das Studium, das ihnen von Freunden und Gönnern ermöglicht worden war.

Wir arbeiten im Vicariat (Dekanat) zusammen mit 18 Pfarreien und einem gemeinsamen Pastoralprogramm: Missionar, Schwestern und Laien aus neun verschiedenen Ländern. Das Programm nennt sich "Nueva Imagen de la Iglesia" („Neues Bild der Kirche"), das erfreulicherweise seit 15 Jahren in einem Aufbauprogramm einer zweiten Evangelisation jetzt auch in anderen Dekanaten Interesse findet (auf der Basis von Pater Lombardi).

Ich denke, dass viele Altsalesianer in den verschiedenen Ländern gerne dieses 100-Jahr-Jubiläum in grosser Dankbarkeit mitfeiern und sicher auch im Festgottesdienst die gute Nachricht weitererzählen. Mögen die verschiedenen jungen Leute der heutigen Generation im Salesianum und darüber hinaus in den Seminaren ein Anstoss und eine Ermutigung sein in Kirche und Welt, um den Geist Gottes zu den Menschen hinauszutragen, der in diesem Haus uns begleitet und erfüllt hat.

STUDIERENDE HEUTE

Barbara Hallensleben

Ein „Fenster zum Osten"?

Orthodoxe Theologiestudierende im Salesianum

Die orthodoxen Stipendiaten und Stipendiatinnen im Salesianum sind Teil der weitaus grösseren Gruppe orthodoxer Studierender an der Theologischen Fakultät der Universität Fribourg. Sie gehören zu einer langen Tradition, an die das Institut für Ökumenische Studien im Jahr 1999 mit einer Jubiläumsveranstaltung zu „100 Jahre Ostkirchenkunde an der Universität Freiburg" erinnert hat. Die Aufgeschlossenheit für die Ostkirchen, die an der Philosophischen und an der Theologischen Fakultät in Lehre und Forschung durch Prinz Max von Sachsen, Raymund Erni, Christoph von Schönborn und Iso Baumer repräsentiert ist, verbunden mit dem internationalen Ruf der Universität Freiburg, zogen orthodoxe Studierende an. Der ökumenische Impuls des II. Vatikanischen Konzils und das Institut für Ökumenische Studien, das 1964 die Inspiration des Konzils noch vor dessen Abschluss aufnahm, schufen einen Raum des Vertrauens, der Fribourg immer stärker zu einem attraktiven Studienort für orthodoxe Theologiestudierende werden liess. Neben den Stipendien der Schweizer Bischofskonferenz gewährten das Justinuswerk, die Catholica Unio und das deutsche Hilfswerk Renovabis finanzielle Unterstützungen. Auch die Stipendien der Universität Fribourg für ein Studienjahr werden mehr und mehr von orthodoxen Studierenden genutzt. 1982-1984 studierte z.B. in Fribourg der griechische orthodoxe Theologe Georges Lemopoulos, heute stellvertretender Generalsekretär des Weltkirchenrates in Genf. 1991 verteidigte Vassilios Karayannis, heute Bischof der Orthodoxen Kirche von Zypern, in Fribourg seine Doktoratsthese über Maximus Confessor. 1994 veröffentlichte der rumänische orthodoxe Theologe Gheorghe Sava-Popa seine Dissertation zum Thema „Le Baptême dans la tradition orthodoxe et ses implications oecuméniques" in der Reihe „Ökumenische Beihefte/Cahiers Oecuméniques" des Instituts für Ökumenische Studien. In der neu zusammengesetzten Internationalen Orthodox-Katholischen Gesprächskommission, die im September 2006 ihre Arbeit in Belgrad aufnahm, sind mit Vassilios Karayannis und Andrzey Kuzma (Orthodoxe Kirche von Polen) zwei ehemalige orthodoxe Fribourger Studenten vertreten.

Die orthodoxe Präsenz in Fribourg weist auch eine institutionelle Verankerung auf: 1996 wurde beim Orthodoxen Zentrum des Ökumenischen Patriarchats in Chambésy auf Initiative von Metropolit Damaskinos ein „Institut für höhere Studien in Orthodoxer Theologie" gegründet, das in Zusammenarbeit mit der Autonomen Protestantischen Fakultät in Genf und der Theologischen Fakultät Fribourg ein „Spezialisierungszeugnis in orthodoxer Theologie" anbietet, das künftig als „Master of Advanced Studies" im Rahmen des Bologna-Programms fortgesetzt werden wird. Etwa 90 Stipendiaten haben bislang dieses Programm durchlaufen, bei dem sie ein Semester in Fribourg studieren. Darüber hinaus begünstigen Konventionen der Theologischen Fakultät mit orthodoxen Instituten und Fakultäten den Studierendenaustausch. Gegenwärtig bestehen entsprechende Vereinbarungen mit dem Orthodoxen Theologischen Institut St. Serge in Paris, mit den orthodoxen Theologischen Fakultäten in Minsk/Weissrussland, Sofia/Bulgarien, Bukarest und Iaşi in Rumänien; ein Abkommen mit der Tichon-Universität in Moskau ist in Vorbereitung. Besonders enge Kontakte unterhält das Institut für Ökumenische Studien mit der Russischen Orthodoxen Kirche des Moskauer Patriarchats. Derzeit studieren sechs Stipendiaten des Moskauer Patriarchats in Fribourg, vier von ihnen leben im Salesianum, ein weiterer im Priesterseminar der Diözese Sitten. Drei der Studenten haben ihre theologische Grundausbildung in der Moskauer Theologischen Akademie in Sergiev Posad absolviert. Der russische orthodoxe Theologe und Bischof Hilarion Alfeyev hat sich an der Theologischen Fakultät für das Fach Dogmatik habilitiert und nimmt regelmässig einen Lehrauftrag für Geschichte und Theologie der orthodoxen Kirchen wahr. Er selbst hat mit Unterstützung der Catholica Unio als Student in Fribourg im Dominikanerkonvent St. Hyacinthe gelebt und die französische Sprache erlernt.

Das Salesianum hat sich in den letzten Jahren als ein privilegierter Ort der Gastfreundschaft für orthodoxe Stipendiaten erwiesen. Dies hat nicht nur den äusseren Grund, dass die Stipendien der Schweizer Bischofskonferenz in der Regel mit der Unterbringung im Salesianum verbunden sind. Wichtiger ist die Möglichkeit, durch die ideale Wohnsituation in der Nähe der Universität und die Gemeinschaft der Gruppe der Theologiestudierenden auch über das akademische Leben hinaus im Austausch mit anderen Studierenden zu leben. Die geistliche Dimension der Lebensgemeinschaft im Salesianum ermöglicht den orthodoxen Studierenden eine unmittelbare Begegnung mit der kirchlichen Praxis und der Spiritualität ihrer katholischen Mitstudierenden. Hier allerdings sind gewisse Spannungen unausweichlich: Zu den katholischen Prinzipien des Ökumenismus gehört die Anerkennung der orthodoxen Kirchen als „Schwesterkirchen", deren Ämter und Sakramente uneingeschränkt anerkannt sind. Dennoch hat ein Katholik der westkirchlichen Tradition anfangs sicher nicht geringe Mühe, in einer feierlichen orthodoxen Liturgie, die mehrere Stunden dauert, die nüchterne liturgische Praxis wiederzuerkennen, die er aus seiner Gemeinde gewohnt ist. *Lex orandi – lex credendi.* Doch wenn die *lex orandi* auf einmal in so wenig vertrauter Gestalt auftritt – sind wir dann fähig, darin den Ausdruck derselben *lex credendi* zu erkennen?

Aufgrund dieser eigenen Erfahrung können wir versuchen, uns in orthodoxe Studierende hineinzuversetzen, die – vielleicht erstmals – Bekanntschaft mit dem kirchlichen Leben im Westen machen. Sie stehen vor der Aufgabe, die sprachlichen, kulturellen, theologischen, liturgischen, spirituellen und mentalitätsmässigen Unterschiede gleichzeitig zu verarbeiten und sich darin neu zu situieren. Aus diesem Grund bemüht sich das Institut für Ökumenische Studien zunächst, den orthodoxen Studierenden Kontakte zu einer orthodoxen Gemeinde zu vermitteln, damit sie in ihrer je eigenen kirchlichen Tradition verwurzelt bleiben. Zum Glück bieten sich dafür vielfältige Möglichkeiten: In der orthodoxen Gemeinde in Fribourg, die der Erzdiözese Schweiz des Ökumenischen Patriarchats zugeordnet ist und sich zur Zeit in der Chassotte trifft, kann man eine französischsprachige „inkulturierte" orthodoxe Liturgie kennenlernen. Die russischen orthodoxen Stipendiaten nehmen am Leben der Gemeinden in Genf oder Zürich teil und sind hier auch als Mitzelebranten und als Verstärkung für den Chor willkommen. Die orthodoxen Stipendiaten aus Rumänien können zwischen vielen rumänischen Gemeinden in erreichbarer Nähe von Fribourg wählen und finden rasch Aufnahme in die nun schon generationenübergreifende rumänische orthodoxe „Grossfamilie".

Eine nicht geringe Rolle spielt die „innerorthodoxe Ökumene": Ein kurz zuvor in Fribourg eingetroffener rumänischer Stipendiat war von dem Gastvortrag eines russischen orthodoxen Professors aus St. Petersburg völlig erschüttert; es fiel ihm schwer, seine eigene theologische Ausbildung zu dem Gehörten in Beziehung zu setzen. Die Doktorandenkolloquien, aber auch die traditionellen Seminare mit den orthodoxen Stipendiaten von Chambésy, werden immer wieder zum Anlass, innerorthodoxe Meinungsverschiedenheiten über die Interpretation der gemeinsamen orthodoxen Tradition auszutragen. Warum auch soll es Orthodoxen in dieser Hinsicht anders ergehen als uns (Schweizer) Katholiken ... ? Noch spannungsreicher werden die Erfahrungen, wenn Stipendiaten der katholischen Ostkirchen in den Dialog eintreten. Wieviel Abgrenzung und Kontinuität mit der eigenen Tradition ist den orthodoxen Stipendiaten zuzugestehen? Wieviel Öffnung und Teilhabe am Leben der gastgebenden Schwesterkirche ist von ihnen zu erwarten? Welche geistliche Verantwortung übernimmt das Salesianum im Auftrag der Bischofskonferenz neben der akademischen Verantwortung der Theologischen Fakultät? Die Erfahrungen der letzten Jahre zeigen – oft in ein und derselben Person – das ganze Spektrum zwischen dem inneren und äusseren Exil in einer fremden Welt bis zur geradezu überschwänglichen Anpassung an westlichen Lebensstil.

Was sagen die orthodoxen Stipendiaten des Salesianum selbst über ihre Erfahrungen? Meine behutsamen Sondierungen hatten zur Folge, dass ich eines Tages den folgenden kleinen Bericht in meiner Post vorfand. Von wem er auch verfasst sein mag – ganz offensichtlich sind darin Erfahrungen mehrerer Stipendiaten eingeflossen, so dass ich diese authentische Quelle hier im vollen Wortlaut wiedergebe:

Wir sind Stipendiaten der Schweizer Bischofskonferenz, die aus dem fernen Osten kommen, um die Chance zu nutzen, die uns von unseren katholischen Schwestern und Brüdern im Glauben mittels eines Stipendiums gegeben ist. Wenn meine Statistik mich nicht täuscht, sind wir nun sechs Studenten, die ein solches Stipendium haben. Wir haben bereits unsere Vorgänger im Glauben, die den Weg des Studiums in Fribourg vor uns gegangen sind. Es gab Fälle, dass dieses Stipendium auch an katholische Stundenten vergeben wurde, nun aber sind wir alle exklusiv orthodox. Jetzt ist es ein orthodoxes Stipendium.

200

Jeder von uns hat seine eigenen Erfahrungen. Im folgenden sind vor allem meine persönlichen Erfahrungen gesammelt. Die einzelnen Stipendiaten – vier aus der russischen orthodoxen Kirche und zwei aus der rumänischen – lassen sich kaum auf einen gemeinsamen Nenner bringen. Denn jede orthodoxe Kirche ist, trotz des gemeinsamen Glaubens, eine Welt in sich. Jede Kirche gehört tief verwurzelt zur eigenen Nation, zu ihrer Geschichte, Sprache und Kultur. Es ist vielleicht die erste Ökumene, die panorthodoxe Ökumene, die wir in Fribourg gefunden haben.

1. Als ich in Fribourg ankam, habe ich sofort begriffen, dass meine Rolle als orthodoxer Student in einem katholischen Milieu keine exklusive Rolle mehr sein kann. Das Copyright eines Kolumbus, der die früher unbekannte Welt der Schweizer Universität Fribourg entdeckt, war bereits anderen vor mir reserviert. Es erwartete mich im Fribourg eine Gemeinschaft. Dadurch wurde mein Leben auf einmal viel leichter als erwartet. Ich hatte neben mir ein Kollektiv der ebenso Orthodoxen wie ich und brauchte mir keine Sorgen zu machen, wie, wo, wann ich mein Leben in diesem noch fremden Land organisiere. Die Hilfe war bereit. Gleichzeitig aber wurde mein Leben dadurch erschwert. Denn:

2. Das Wort Salesianum hatte für mich einen so deutlich klerikal-priesterlichen Klang, dass ich mich auf das Leben in einem geschlossenen kirchlichen Haus vorbereitete. Viele meiner Kollegen studierten bereits in Rom, und von dort aus berichteten sie von ihrem Leben in katholischen Seminaren. So etwas stellte ich mir vor. Der Mensch denkt... Das Salesianum erinnerte mich kaum an ein Priesterseminar, so wie ich es kenne. Es war eher ein Kompromissversuch zwischen einer freizügigen säkularen Lebensart und einem disziplinierten Seminarleben für Theologen und Priesteramtskandidaten. So ein säkularisiertes Leben in einem theologischen Studentenheim fördert eine Offenheit, auch von denen, die bereits „professionelle" Kleriker, ja sogar Asketen von Beruf, geworden sind. Hätte man in einem orthodoxen Milieu unseren orthodoxen Mitstipendiaten und Mönch so auf einem Fest tanzen sehen, wie es manchmal im Salesianum vorkommt – wer weiss, was geschehen wäre…

3. Die erste Begegnung mit der katholischen Liturgie war für mich wie eine Séance der Hypnose. Ich habe mich eine lange Weile vergewissern müssen, dass da, hinter dieser maximalen Simplizität des Kultus das Sakrament geschieht. Auch jetzt noch, ohne die Gültigkeit der katholischen Liturgie zu bezweifeln, meide ich unbewusst die katholische Liturgie. Sie bleibt für einen Orthodoxen kaum begreiflich und benötigt eine besondere Hermeneutik, die, glaube ich, uns allen, die in der östlichen kirchlichen Tradition aufgewachsen sind, eindeutig fehlt. Für einen katholischen Leser ist es vielleicht interessant zu erfahren, dass es eine Zeit gab, in der man die Stipendiaten zu einer aktiven und regelmässigen Teilnahme an der rumänischen orthodoxen Liturgie zu verpflichten versuchte. Doch den russischen Studenten sind Sprache und Gesang im Gottesdienst sehr fremd vorgekommen. Niemand hätte es so erwarten können. Eine panorthodoxe Ökumene ist eben nicht leicht.

4. An der Uni war es sehr interessant zu entdecken, dass es in der Tat zwei theologische Fakultäten gibt. Der deutsch- und der französischsprachige Teil der Fakultät unterscheiden sich von einander so sehr, dass es auch für diejenigen von uns, die sich nur einer Sprache bedienen, leicht in die Augen fällt. Im übrigen ist das ganze Phänomen der Zweisprachigkeit in Fribourg für alle Stipendiaten ein Rätsel. Man lernt die deutsche Sprache in der vollen Hoffnung und Überzeugung, dass sie einem dann alle Türe öffnen kann. Das ist aber am Ende nicht der Fall.

5. Das Zusammensein der verschiedenen Fakultäten in ein und demselben Gebäude der Miséricorde ist für diejenigen von uns, die eine Seminarausbildung in Russland bekommen haben, eine ebenso grosse Überraschung gewesen. Man hatte den Eindruck, die eigene Identität zu verlieren, gleichzeitig aber sich aus einem Ghetto befreien zu lassen. Besonders beängstigend war die Bereitschaft der anderen Studierenden, unter ihnen auch die Theologen, unsere „metaphysische" Argumentation in der Verteidigung der kirchlichen Lehre mit den Argumenten und Fragestellungen der säkulären Welt der Philosophie und Literatur zu vernichten. Es war wirklich spannend zu erfahren, wie hilflos und schwach die künstlich gepflegte geschlossene Welt unseres Denkens sein kann. Früher schien es mir unbesiegbar!

6. Die Menschen sind immer verschieden, auch wenn sie zu den Orthodoxen gehören. Manche werden sehr kritisch, manche aber nehmen alles auf sie Zukommende mit Freude auf. So berichtet einer der Stipendiaten: „Ich wohne noch nicht lange im Salesianum. In diesen wenigen Monaten wurde es zu meinem Haus. Vom ersten Tag an habe ich im Salesianum keine Probleme gehabt. Die Leute waren sehr nett und freundlich zu einem Ausländer, der am Anfang weder Deutsch noch Französisch sprechen konnte. Ich finde, dass das Salesianum ein gutes Wohnheim für Studenten ist, besonders für Theologen. Der christliche Geist ist hier anwesend. Das spirituelle Klima, die Liebe zu Christus begünstigen eine bessere Kommunikation zwischen den Menschen. Die Verantwortlichen des Hauses sind immer offen, nett und geduldig zu uns. Es gibt ein theologisches Programm im Salesianum, aber es ist nicht obligatorisch. Jeder Student ist frei. Ich finde das sehr gut und christlich. Die Schweiz finde ich sehr schön. Sie ist gut nicht nur für das Leben, sondern auch für das Denken und Studieren. Hier kann man viele Sprachen lernen und eine gute Erfahrung für das Leben bekommen. Es ist eine gute Möglichkeit für mich, die katholische Kirche und Theologie kennen zu lernen. Ich glaube, dass unsere brüderliche Liebe, Offenheit und Ehrlichkeit in Zukunft zu unserer Vereinigung im Leibe Christi (oder) in der Liebe Christi helfen wird".

So viele Menschen es gibt, so viele Meinungen gibt es. Das oben beschriebene Bild könnte auch umgekehrt werden. Dies wäre nicht nur eine literarische Erfindung, sondern ein ebenso konkretes Erlebnis aus dem Leben eines anderen Menschen: Die Mitbewohner im Salesianum sind unfreundlich, sprechen ausschliesslich ihren Dialekt, das Katholische ist nicht mehr katholisch, mit dem Propheten Amos möchte man sagen: „meine Seele hasst eure Feste"… Ich würde mich keiner von diesen beiden extremen Meinungen anschliessen. Wie der grosse Hegel gelehrt hat, liegt die Wahrheit in der Synthese.

7. Am Ende dieses kurzen Berichtes ist es nun ein geeigneter Moment, um über das Ziel unseres Stipendiums zu sprechen. Wäre es möglich, dass zum Beispiel die russische orthodoxe Kirche so ein Stipendium für katholische oder reformierte Studenten vergeben würde? Nein, ich bekenne es, unsere Kirche ist für die Ökumene noch nicht reif. Denn die Ökumene für die orthodoxe Kirche hat bis jetzt ein recht klar definierbares Ziel: Dass alle orthodox werden... Und ich denke, dass hier für alle die Stipendiaten ein grosses Beispiel gegeben wird. Die katholische Ökumene hat in diesem Sinne kein Ziel. Orthodoxe Studierende kommen nach Fribourg dank einem katholischen Stipendium, und sie bekommen, wenn diese Chance von ihnen genutzt wird, eine erstklassige Ausbildung. Die Orthodoxen bleiben aber orthodox. Manche von uns werden wahrscheinlich später in den offiziellen kirchlichen Strukturen wirken und dann in ihrer Tätigkeit auch wieder die offizielle Position ihrer Kirchenleitung vertreten. Es könnte aber auch anders kommen, der Friede zwischen den Kirchen ist eine Realität. In Fribourg sind wir wahre Zeugen dieser Gegenwart der einen und selben Kirche, die Zuschauer der christlich-menschlichen Einheit geworden.

204   Wie würde wohl der Bericht katholischer Studierender aus dem Salesianum über die Begegnung mit ihren orthodoxen Mitstudenten lauten? Hat auch bei ihnen das Nachdenken über ihren eigenen Glauben und über das Ziel der Ökumene eingesetzt? Erfreulich ist, dass die Bewegung von Ost nach West keine Einbahnstrasse geblieben ist: Ein Freiburger Doktorand aus dem Bistum St. Gallen studiert seit über einem Jahr in Minsk, hat die russische Sprache erlernt und arbeitet mit einem Stipendium des Schweizer Nationalfonds an einem Dissertationsprojekt über die Entwicklung der Sozialkonzeption der russischen orthodoxen Kirche. Eine weitere Studentin interessiert sich für ein Freisemester in Russland und nimmt bereits an einem Russisch-Kurs teil. Wird der nächste Jubiläumsartikel über die Erfahrungen von Studierenden des Salesianums in orthodoxen Fakultäten berichten? Und müssen wir dazu weitere 100 Jahre warten? Metropolit Philaret von Minsk hat die Theologische Fakultät in Fribourg ein „Fenster zum Westen" genannt. Wird das Salesianum durch die Gastfreundschaft für orthodoxe Stipendiaten und Stipendiatinnen ein „Fenster zum Osten"?

Isabelle Senn

Ein Haus vielfältiger Begegnungen

Als Theologiestudentin und Bewohnerin des Salesianums freue ich
mich, an dieser Stelle berichten zu dürfen, wie ich dieses grosse
und schmucke Haus kennen und lieben gelernt habe und wie ich
es in meinem Alltag erlebe.

Begegnung mit Menschen

Als ich meinem Umfeld den Entschluss, in Fribourg das Theologiestudium aufzunehmen, bekannt gab, wurde ich von verschiedenen Seiten auf die Wohnmöglichkeit im Salesianum aufmerksam
gemacht. Die Nähe zur Universität, die zentrale und doch der Natur nahen Lage sowie die kulinarischen Köstlichkeiten, welche vom
Küchenteam täglich auf den Tisch gezaubert werden, liessen mich

Die Studierenden
2006 mit
Hausleitung
und Personal

nicht lange zögern. Auch die Möglichkeit, mit Studienkollegen und -kolleginnen das Alltagsleben zu teilen, und die professionelle Begleitung der Theologiestudierenden im Haus beeinflussten meinen Entscheid.

Schon in meinen ersten Studienwochen nahm ich die Vorteile des Zusammenlebens mit anderen Theologiestudenten wahr: Der Sprung in den Universitätsalltag fiel mir unter anderem dadurch leicht, dass wir vor allem anfangs meist als Gruppe unterwegs waren und bei den Mahlzeiten sowie bei anderen Gesprächsgelegenheiten wertvolle Tipps von erfahrenen Studenten und Hausbewohnern erhielten.

Auch heute bedeuten mir das Zusammensein und der Austausch mit meinen Studien- und Wohnkollegen sehr viel. Ob man bei den gemeinsamen Mahlzeiten über Inhalte einer Vorlesung weiterreflektiert und diskutiert, sich draussen zu einem Volleyballmatch trifft oder auch nur im Treppenhaus ein paar Worte wechselt, man fühlt sich im gesamten Alltagsleben, also auch ausserhalb der Vorlesungssäle, auf einem gemeinsamen Weg. Trotz des Eingebundenseins in ein soziales Netz bleibt genügend Freiraum; trotz der vielen gemeinsamen Aktivitäten kann jeder in seinem eigenen Tempo und auf seinen eigenen Pfaden vorwärts schreiten. Ich habe das Salesianum bisher als einen Ort erlebt, wo dieser Individualität genügend Platz beigemessen wird.

Volleyballspiel auf der Wiese hinter dem Salesianum

In den Bewohnern des Salesianums zeigt sich eine grosse Vielfalt: Verschiedene Sprachregionen, zahlreiche Länder und diverse Studienrichtungen treffen in unserem Studentenwohnheim zusammen und regen zum Austausch an. Wo es eine Herausforderung ist, aus dem Grüppchen Gleichgesinnter auszubrechen, erleichtern gemeinsame Anlässe sportlicher oder kultureller Art, den übrigen Hausbewohnern näher zu kommen. Auch wenn nicht jeder jeden persönlich kennt, funktioniert das Zusammenleben sehr gut. Im Hausrat, der aus Studierenden der drei Sprachgruppen (italienisch, französisch und deutsch) und der Hausleiterin besteht, wird das Zusammenleben im Salesianum regelmässig reflektiert und optimiert. Ich selber staune immer wieder, wie gut sich die Bewohner an die abgemachten Regeln halten und wie ruhig es beispielsweise abends in den Gängen des Hauses ist.

Das Salesianum bietet mir nebst dem Raum individuellen und gemeinschaftlichen Lernens und Erholens auch im liturgischen Bereich Möglichkeiten, meinen Glauben zu leben und zu vertiefen.

Begegnung mit Gott

Um dem Leser einen Einblick in das liturgische Angebot des Salesianums zu ermöglichen, möchte ich an dieser Stelle kurz aufzeigen, wie der Alltag in unserem Hause unter diesem Aspekt aussehen kann:

Vor dem Frühstück treffen wir uns um 7.15 Uhr in der Hauskapelle zum Gebet der Laudes, wobei die Möglichkeit besteht, bereits davor in der „Jesus-Nische" vor einer Ikone den Tag meditativ zu beginnen. Auf Initiative einiger Studenten hin hat sich ein weiterer Teil des Stundengebets, die Vesper, in den Tagesablauf eingebürgert.

Einmal pro Tag besteht im Haus die Möglichkeit zur Teilnahme an der Eucharistiefeier, abwechslungsweise in deutscher und französischer Sprache.

Der Gottesdienst am Dienstagabend wird oft von Studierenden gestaltet, und zwar in ganz unterschiedlichen Formen, beispielsweise als Bussfeier, als Anbetung, als Meditation oder als Wortgottesdienst.

Die Messe am Mittwochabend ist der „Theologengottesdienst" schlechthin: Nach der von uns Studenten mitgestalteten Eucharistiefeier, zu der auch viele ausserhalb des Salesianums wohnende

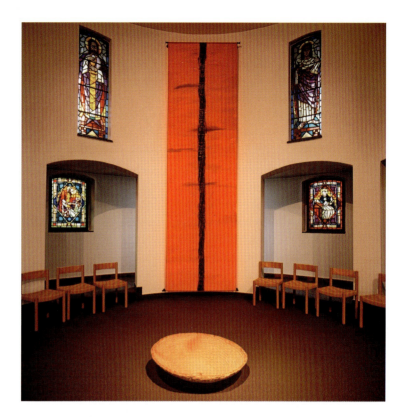

Der Chorraum, Ort der Laudes, mit einer roten Seidenmalerei, die in goldener Schrift die Namen Gottes aus dem Alten und Neuen Testament trägt.

Mitstudierende kommen, und dem anschliessenden gemeinsamen Abendessen trifft sich alle zwei Wochen die Theologengruppe, der man jeweils zu Beginn eines Studienjahres beitreten kann. Diese Abende stehen unter thematischen Schwerpunkten rund um das geistliche Leben und den kirchlichen Dienst und werden von den Studienbegleitern geplant und durchgeführt. Zum Jahresprogramm der Theologengruppe gehören auch Wochenenden mit ausgewählten Theologen und Ausflüge zum Kennenlernen kirchlicher Institutionen. Das Jahresprogramm dieser Gruppe ist ebenso vielseitig wie das Studium der Theologie und das spätere Berufsfeld der Theologinnen und Theologen.

Begegnung mit Chancen und Herausforderungen

Mit der Theologie habe ich mich für ein Studium entschieden, das nicht nur eine intellektuelle Seite hat, sondern auch das persönliche Glaubensleben immer wieder stark tangiert. Daher bin ich dankbar und froh, neben der Universität Raum zu finden, mich auf andere Weise mit dem Glauben auseinander zu setzen und diesen mit anderen zu teilen. Besonders schätze ich Anlässe, an denen sich Professoren, Assistenten und Studenten treffen, und wo ich merke, dass nicht nur berufliche Interessen, sondern auch der gemeinsame Glaube an den dreieinigen Gott uns verbindet.

Das Salesianum erfahre ich als einen Ort, an dem ich mich und meine Ideen einbringen kann. Die Initiativen von Studierenden werden unterstützt und begleitet, und ich erachte es als äusserst wertvoll, die Möglichkeit zu haben, in einem vorerst geschützten Rahmen selber erste Erfahrungen mit Aufgaben zu machen, die später vielleicht einmal zu meinem Beruf gehören werden. Natürlich gibt es im Salesianum auch Spannungen, da ja viele Individuen ihre ganz persönliche Gottesbeziehung miteinander und nebeneinander leben. Eine offene Feedbackkultur und der regelmässige Austausch über die Erfahrungen rund um die Liturgie helfen uns, in angemessener Weise damit umzugehen und regen dazu an, „Probleme" auch mal aus einer fremden Perspektive zu betrachten.

Nebst den vielen erwähnten Vorteilen bringt der Alltag im Salesianum auch einige Schwierigkeiten mit sich, die es zu meistern gibt. Zeitweise lasse ich mich in diesem Haus der Kirche durch den Gedanken unter Druck setzen, dass ich ständig „beobachtet" werde. Es ist eine Herausforderung, ganz sich selber zu bleiben und nicht dauernd zu denken: „Wie muss ich mich jetzt geben, um den Anforderungen und Wünschen des potentiellen Arbeitgebers zu entsprechen?" Denn anzustrebende Veränderungen sollen aus Entwicklungsprozessen und nicht einfach durch Übernahme fremder Verhaltenserwartungen entstehen.

Eine weitere Gefahr des Wohnens und Lebens im Salesianum sehe ich darin, mich gegen aussen abzukapseln und meine Zeit ausschliesslich in Kreisen von Theologen zu verbringen. Da ich mir dessen aber bewusst bin, kann ich etwas dagegen tun, indem ich mich auch ausserhalb des Salesianums und des Theologiestudiums einbringe und engagiere.

Begegnung mit der Kirche

In einem Haus der Kirche zu leben bedeutet, stets am Puls kirchlichen Lebens und somit „auf dem Laufenden" zu sein, was natürlich für die Ausbildung künftiger Theologen sehr wertvoll ist.

Die im Salesianum wohnenden Frauen und Männer tragen durch ihr Leben eine breite Vielfalt von Möglichkeiten bei, den Glauben zu gestalten und ihm Ausdruck zu verleihen. Natürlich fordert und fördert diese Mannigfaltigkeit auch Respekt und Toleranz, indem sie mir immer wieder bewusst macht, dass es nebst meiner eigenen Art und Weise, den Glauben zu leben, auch noch viele andere Wege gibt. Diese Vielfalt im Salesianum gilt es weiterhin zu pflegen und zu kultivieren, da gerade das Zusammentreffen verschiedener Menschen und die Auseinandersetzung mit ihren spezifischen Lebens- und Glaubensweisen eine unverzichtbare Vorbereitung auf den kirchlichen Dienst bietet.

Für die Zukunft des Salesianums hoffe ich, dass dieses Haus für viele Studenten und Studentinnen als ein Ort erlebt wird, an dem sie vielfältige Erfahrungen und Entdeckungen in Bezug auf Kirche und Glauben machen können, Erfahrungen und Entdeckungen, welche Augen öffnen, Herzen formen und Horizonte erweitern.

Davide Adamoli

La casa della Provvidenza

Il titolo di questo contributo non è casuale: si tratta del titolo che volle dare un carissimo amico di generazioni di ticinesi ospiti di questa casa, il prof. Piergiorgio Lacqua, ad un'intervista che gli facemmo alcuni anni fa per lo Jahresbericht. La casa della Provvidenza: dirò fin dall'inizio che ciò che voglio comunicare in queste righe non è un esercizio di retorica, ma il frutto di diversi anni di esperienza di vita in questa casa. Naturalmente ognuno avrà vissuto la sua permanenza in questo luogo in un modo diverso, a seconda della propria personalità. Credo che il mio periodo di vita al Salesianum possa essere riassunto in questo titolo.

Il Salesianum è certo una delle costruzioni più imponenti della città sulla Sarine. Chi si muove nella città e magari ne valica i limiti per inerpicarsi su una delle colline che la coronano a Oriente, verso la valle della Sense, o Singine, avrà modo di notare che la posizione del nostro foyer, come pure la sua architettura, descrivono una situazione paesaggistica di privilegio davvero esclusiva. Ma le possibili lodi alla casa non si fermano di certo alle mura e alla localizzazione: molti diranno che coloro che vi abitano sono la vera ricchezza della casa, essi sono il *quid* che rende preziosa la nostra casa, addirittura un unicum sotto molti punti di vista. Molti altri loderanno l'ambiente intellettuale, ma allo stesso tempo goliardico che vi si respira, l'incontro fra studenti di diverse facoltà, il contatto con i professori residenti ed invitati, le conferenze e i dibattiti nei più disparati campi del sapere antico ed attuale, la progettualità dei residenti e dei gerenti. Il nostro libro rende una variegata, ricca testimonianza di queste caratteristiche architettoniche, umane e scientifiche, valevoli sia per il passato che per il presente.

Tutto ciò è vero, eppure c'è di più. La mia esperienza mi impone di riconoscere che il Salesianum non è solo una bella casa, antica e maestosa. Esso non è neppure solo un foyer, un alloggio per studenti, magari anche umanamente eccezionali. Non è neppure solo un luogo dove passare qualche anno della propria vita dello studio universitario, nella fondazione di una promettente carrie-

211

ra nell'economia, nella politica, nella Chiesa, nella società. Esso è principalmente uno strumento di una Presenza. Oserei dire che questa casa è un luogo di Rivelazione. In questo senso, questo luogo costituisce un'occasione preziosissima di crescita per coloro che sono aperti all'essenza dell'umano, vale a dire alla ricerca di un senso, di uno scopo per l'esistenza. In questo posto, si può incontrare, attraverso e nella compagnia di persone che vi vivono, la risposta alle necessità di tutti gli uomini. E questa risposta è Cristo. Egli risiede fra di noi sacramentalmente nel Tabernacolo della Cappella, e ci raggiunge attraverso le membra del suo Corpo mistico, i sacerdoti e gli amici che qui vivono e si formano alla loro vita, nella coscienza della presenza del Signore. In questo senso, questa casa è strumento della Provvidenza, perché qui non ci si limita a studiare, a mangiare, dormire e a divertirsi, qui c'è la possibilità di una vita interiore (ed esteriore) all'altezza dei desideri più profondi dell'uomo. Da qui davvero si può uscire più maturi se si ha avuto la necessaria sensibilità per cogliere il senso dell'architettura elevata, dell'amicizia fra gli abitanti, della ricerca della verità.

Naturalmente ci vuole molta disponibilità. Non è sempre facile: il Salesianum non fa magie, al contrario, esso può essere esigente. Ci vuole attenzione, sensibilità, forse potremmo dire umanità, per incontrare questa Presenza. Persino il linguaggio della Liturgia, che dovrebbe, nella Parola e nel Segno sacramentale, trasmettere ammirabilmente il senso divino delle cose, è talvolta più di ostacolo che di aiuto. Ad esempio per chi è lontano dalla vita di fede, come è il caso della maggioranza dei nostri coetanei, anche nella nostra casa. Ma pure per chi è abituato alla pratica, talvolta le diverse sensibilità linguistiche e culturali, la routine e la stanchezza del vivere quotidiano, possono rendere ostico l'incontro orante con Dio. Anche l'incontro continuo con le persone può in alcuni casi indisporre l'animo all'amicizia e alla comune crescita spirituale. Tutti noi conosciamo le difficoltà, lo sforzo domandato dal vivere insieme ad altre persone. Eppure è necessario essere aperti all'altro, poiché è nell'amore per il prossimo, nella scoperta delle sue ricchezze e nella condivisione delle sue debolezze che possiamo educarci all'apertura verso Dio. E questo è un dato d'esperienza: la comunità può forse essere un fattore di disturbo nei nostri fantasticati progetti di vita, ma essa costituisce il sostegno indispensabile nelle difficoltà come nei momenti di euforia, nell'aiutarci ad uscire

Il Cristo nella cappella del Salesianum, opera di un maestro del XVI sec.

dall'individualismo gretto e disperato che domina nella nostra società. Lo stesso studio può essere un fattore di crescita umana o di caduta nell'orgoglio e nella ricerca di un estetico intellettualismo, dove il sapere non è più al servizio dell'uomo ma diventa fattore di schiavitù e di dominazione. Ci vuole un senso, bisogna sapere riconoscere la vera natura, l'origine e il fine di tutto. Per arrivare a questo ci vuole un investimento personale, duro, pesante, magari costellato di dubbi, scontri e fallimenti, per poter cogliere l'aspetto più prezioso di questa casa.

Solo nel dono della propria vita, avremo la vita, ha detto il Signore ai suoi discepoli, che erano accecati da sogni di un Messia di gloria e potenza. Solo se si accetta di lasciarsi interrogare dal suono della campanella, dal sorriso di uno a cui magari non abbiamo mai fatto caso che scende le scale di fianco a noi, dalla bellezza di ciò che studiamo, allora potremo accogliere la presenza che caratterizza in modo particolare questo luogo, questa casa della Provvidenza.

213

Jyothish Kochalummootil

Esperienze fra i Ticinesi del Salesianum

Prima di cominciare a descrivere le mie impressioni sul Salesianum, sui rapporti che esistono tra i vari ticinesi e gli altri abitanti della casa ed alcuni simpatici aneddoti, mi sembra doveroso dedicare alcune righe all'edificio del Salesianum.

"Che bello!", "Sembra la scuola di Harry Potter!", "Ma è un castello?"…queste sono alcune delle frasi che ho sentito pronunciare da alcuni miei amici quando hanno visto per la prima volta la parte esterna del Salesianum. Effettivamente, bisogna ammettere che è una splendida costruzione; ogni volta che torno dall'università, mi soffermo un attimo a contemplare quanto sia imponente. Ogni tanto scorgo dalla mia finestra dei turisti intenti a fare delle fotografie all'edificio e questo la dice lunga sulla sua bellezza. Inoltre,

214

Il gruppo
dei Ticinesi
al Salesianum
nel 2007

esso è situato in una zona molto tranquilla e verde, ciò che non può fare altro che aumentarne il valore.

Ho scoperto questo luogo grazie ad un amico di famiglia che abita a Friborgo e che si era offerto per trovarmi una sistemazione durante i miei studi. Ad essere sinceri, il Salesianum non doveva essere che un riparo temporaneo, infatti all'inizio non ne ero per niente entusiasta, anzi ero piuttosto scettico di questa scelta: andare ad abitare in un foyer, per di più religioso (nonostante io sia un cattolico praticante). Sono dunque approdato al Salesianum con animo riluttante e con tutti i pregiudizi del caso.

Ebbene, mi sono dovuto ricredere! Nell'arco di due settimane tutti i pregiudizi che avevo su questo posto sono stati spazzati via con un colpo di pala. Da scettico sono diventato entusiasta della mia sistemazione, e dopo due anni sono ancora molto contento ed orgoglioso di far parte di questa comunità. Dopo due settimane, ho cominciato ad ambientarmi, a conoscere gli altri ticinesi che abitano la casa e le altre persone provenienti dalle diverse regioni linguistiche della Svizzera. Se avessi abbandonato il Salesianum, avrei perso un'occasione d'oro per fare nuove conoscenze, imparare meglio il francese e non dimenticare completamente il tedesco. Inoltre ho avuto l'opportunità di conoscere persone provenienti dal resto del mondo, così da potermi confrontare con altre lingue, usanze e culture. Davvero interessante.

Noi ticinesi siamo un gruppo molto unito. Per coloro che non avessero una benché minima idea di cosa possa significare il termine "unito", l'invito è aperto ad assistere ad un qualsiasi nostro pranzo nella mensa del Salesianum! In un tavolo rotondo di 1,5 m di diametro solitamente ci stanno 5-6 persone…noi, ticinesi, invece, riusciamo a far stare ben nove persone. Il senso del sacrificio è molto grande tra i ticinesi! A parte gli scherzi, ciò che ci permette di affrontare questa "ardua lotta", è proprio la voglia di stare insieme, di ritrovarsi a parlare del nostro Ticino e di condividere le gioie ed i sacrifici dei nostri studi con tutta la comunità.

Il nostro è veramente un bel gruppo. Forse il fatto che siamo l'unico cantone svizzero a parlare italiano può aiutare molto i nuovi ticinesi ad integrarsi nel gruppo, cosa che non succede sempre invece per gli svizzero francesi e gli svizzero tedeschi. Forse se fossero esistiti due, tre cantoni di lingua italiana, avremmo avuto anche noi le nostre rivalità cantonali. Sia ben chiaro, nemmeno noi ticinesi siamo completamente esenti da rivalità, anzi! Spesso si può assistere a discussioni (delle volte anche accese) tra leventinesi e luganesi, tra sopracenerini e sottocenerini e tra PPDini e gli altri.

Personalmente, ho passato dei momenti memorabili con il gruppo ticinese presente al Salesianum, soprattutto durante i calorici week-end, due giorni della settimana in cui dobbiamo organizzarci per i pranzi e le cene, siccome la mensa è chiusa durante questo breve periodo. E che pranzi e cene!! Probabilmente, i ticinesi che restano ogni week-end non raggiungeranno la soglia dei 30 anni, infatti morremo prima a causa delle cene ipercaloriche che ci permettiamo.

Ecco, forse i momenti più belli, sono proprio i pranzi, i dopo cena ed appunto i week-end, poiché sono dei momenti in cui siamo tutti riuniti, ci si diverte tutti assieme, nessuno escluso.

Magari in un posto come questo potrebbero nascere delle amicizie vere, profonde e... perché no, degli amori!

Tuttavia vivere in comunità non comporta solo vantaggi, ma anche alcuni svantaggi. Bisogna tollerare alcuni atteggiamenti (che magari a casa propria darebbero enormemente fastidio) a cui non si è abituati, bisogna imparare a convivere veramente e raramente si potrà vedere un film in santa pace... Ma ciò è nulla in confronto al patrimonio di rapporti umani che si acquisisce.

Come ben sapete, percorrendo le pagine di questo libro-memoria, il Salesianum è abitato da tre gruppi linguistici e ciascuno di questi gruppi ha a disposizione una saletta, con divani, poltrone, televisione, video...due di queste salette comprendono anche la cucina (per i ticinesi e gli svizzeri tedeschi). L'ultimo anno ha visto la creazione di una nuova saletta, affidata a coloro che definiamo simpaticamente gli "internazionali", gruppo che comprende numerosi studenti provenienti da diversi continenti, e negli ultimi tempi molti sacerdoti e laici africani.

Teoricamente queste salette sono aperte a tutti, a patto che si rispettino le cose e le persone che vi sono, ma praticamente è pur vero che nessun ticinese metterà mai piede nella sala dei vallesani oppure nessun vallesano andrà dagli svizzero tedeschi...è come se la saletta fosse sacra. Naturalmente c'è chi osa, per fortuna!

A questo proposito si può inserire un auspicio: ritengo infatti un peccato che un gruppo si chiuda su sé stesso e non approfitti di questa opportunità per fare nuove conoscenze. Non voglio dire che i gruppi siano ermeticamente chiusi su se stessi, per esempio a colazione, individualmente, la maggior parte delle volte, ticinesi e vallesani si mescolano, e nascono dei momenti molto gradevoli e delle conversazioni interessanti. Con gli svizzero tedeschi invece non c'è un legame particolare, molte volte ci si limita al saluto, a delle frasi di circostanza. E questo è un vero peccato, ma sono molti i fattori che vi contribuiscono, in particolar modo, in primo luogo, la lingua, forse anche la mentalità.

Non sono certo un veterano della casa, mi appresto infatti a cominciare il terzo anno di permanenza al Salesianum, eppure dopo due anni sono in grado di stilare un primo bilancio: sono molto contento di abitare qui, delle persone che vi abitano, ci sono le condizioni ottimali per fare bene (e la cappella che c'è al primo piano è di grandissimo aiuto, e non solo nel periodo di esami!). L'auspicio –già espresso– è che negli anni a venire la gente, all'interno della casa, sia sempre più aperta al fascino del vivere insieme.

Olivier Giroud

Le Salesianum… une position dominante!

Le Salesianum est perché au sommet de l'avenue de l'Europe, à l'écart du trafic et des désagréments du centre ville; il bénéficie, en plus des espaces verts qui l'entourent, d'une tranquillité reposante et convenable à l'étude. Par ailleurs, avec sa position dominante et vue sur… la ville, en plus d'être à deux pas de l'université Miséricorde, il n'a rien à envier aux autres foyers d'étudiants ou logements en tout genre.

Cela dit, le Salesi est aussi et surtout un lieu de rencontres et de partage entre différents pays, différentes cultures, langues ou dialectes… Cela amène, il est vrai, parfois, quelques désaccords: certains mangeraient tous les jours des 'pâtes et pizzas'; alors que d'autres sont plutôt 'Rösti, Spätzli' ou 'raclette, Fendant'… Mais tous semblent s'entendre autour d'une bonne fondue! Les repas sont toujours très variés, complets, équilibrés, bien présentés et surtout extrêmement conviviaux. Je tiens du reste à remercier le personnel, qu'il œuvre en cuisine, au bureau, dans les chambres ou ailleurs, pour sa gentillesse et son dévouement.

Par ailleurs, la maison met à disposition du matériel de sport: tables de ping-pong, filets de volley-ball, ballons de basket et autres… afin de profiter des belles soirées ensoleillées! Elle organise encore, par l'intermédiaire de ses étudiants, quelques soirées fort sympathiques, durant l'année universitaire; ainsi nous pourrons lire sur le calendrier des manifestations, une fête dédiée à St. François de Sales, à St. Nicolas et la fête d'été. Voilà des occasions de refermer les livres et de chanter, danser, boire et manger, l'espace d'une soirée.

Mais pour beaucoup encore, 'Maison d'étudiants' est synonyme de règles et contraintes; certainement pas! Il y a, évidemment, quelques principes de savoir-vivre à respecter lorsque l'on vit en communauté, mais l'étudiant y jouit d'une très grande liberté; plus encore que s'il disposait d'un appartement, puisqu'il aurait à se soucier des repas et de toutes les tâches qu'exige celui-ci. Il peut donc consacrer l'intégralité de son temps libre à l'étude, aux discussions diverses et enrichissantes, au sport ou loisirs de toutes sortes.

Mélanie Baillifard

Les Romands au Salesianum

Environ une quinzaine d'étudiants romands de toutes les facultés décident chaque année d'habiter au Salesianum. Nous y faisons la connaissance d'autres étudiants, Suisses allemands, Africains et Tessinois, avec qui une bonne entente a lieu. Et s'ils ne représentent pas la plus grande communauté de la maison, les Romands ne se laissent pas oublier pour autant.

A table aux heures des repas ou le soir devant les nouvelles, ce ne sont pas eux qu'on entend le moins. Comme chaque communauté, nous avons notre salon. S'arranger pour le programme télé n'est pas toujours facile mais personne ne dirait non à un apéro ensemble. Il faut dire que la plupart des Romands sont Valaisans et se connaissent déjà de leur temps au collège. Cette origine commune a d'ailleurs dicté le „règlement" affiché au salon. Entre autres directives, les Valaisans sont absents du Salesianum le weekend pour retrouver leur pays ensoleillé au plus vite.

Ensemble les Romands ont la mission d'organiser une des trois fêtes de la maison. Comme il leur est donné carte blanche ou presque, ils ont misé sur des idées originales ces dernières années pour animer le Salesianum et divertir ses habitants ce jour-là. On se souvient encore des jeux, des repas, des concours et des diaporamas… L'an passé, tous les Romands ont aussi participé ensemble dans une ambiance bonne enfant à la création de quatre pages du calendrier de l'Avent.

En plus, au cours de l'année académique 2005-2006 par exemple, nous nous sommes retrouvés plusieurs fois en Valais pour des sorties. Peau de phoque, souper, dégustation, ou jeux,…il y en a eu pour tous les goûts. Mais la semaine au Salesianum n'est pas désagréable non plus. Chaque romand est invité aux différentes soirées meringues, crêpes, ou grillade qui sont organisées. Pour des occasions plus importantes, comme les anniversaires ou un départ, le „bistro" est réservé et la nuit se termine en musique… Enfin dès le retour des beaux jours, les parties de volley devant le Salesianum remplacent la télé et ses DVD le soir.

Alors sois le bienvenu au salon des Romands si tu veux connaître ses habitants et son ambiance toute particulière…

AutorInnenverzeichnis

Noël Aeby (photographe)

Né à Charmey (FR) en 1942, Formation de photographe, divers stages en industrie, 30 ans d'activité chez Ciba Geigy : photographe d'entreprise et de relations publiques, nombreuses expositions dans différents pays, publications et reportages, photographe officiel du Tour de suisse cycliste (1976-1989), Grand Prix suisse de la photographie 1976 et 1982.

Davide Adamoli

1980, Contone (TI), Dottorando in Storia Moderna e Assistente, licenza in Storia e Teologia.

Hildegard Aepli

Geb. 1963 in Vättis (SG), aufgewachsen in dem von den Eltern geleiteten Internat in Vättis, Untergymnasium in Ingenbohl (75-78), Lehrerinnenausbildung in Sargans, Tätigkeit als Lehrerin in Amden (1984-1989), Auslandaufenthalt in Brasilien, Studium der Theologie in Luzern und João Pessoa (1989–1994), Pastoralassistentin in Lichtensteig, Oberhelfenschwil, St. Peterzell (1994-2000) und Mitarbeiterin im Regensamt, Ausbildung in geistlicher Begleitung, seit 2000 Hausleiterin und geistliche Begleiterin im Salesianum.

Mélanie Baillifard

21 ans, originaire du Valais, est étudiante en anglais et en allemand. C'est la deuxième année qu'elle habite le Salésianum.

August Berz

Geb. 1918, Dr. theol., Gymnasium in Sarnen, Theologiestudium in Luzern und Fribourg, 1943 zum Priester geweiht und als Vikar in Riehen, nachher als Katechet in Bremgarten eingesetzt, von 1955 bis 1980 Regens des Salesianums und Lehrbeauftragter für Katechetik an der Theologischen Fakultät, Übersetzer und Herausgeber theologischer und religiöser Bücher („Pauluskalender"), seit 1980 als Priester in der Pfarrei Ins tätig.

François Betticher

Geb. 1926 in Fribourg, Primarschule Maria Ward, Kollegium St. Michel in Fribourg mit Handelsdiplomabschluss, 1946 Stage bei der Freiburger Kantonalbank, 1950 Weiterbildung bei Luzerner Kantonalbank sowie Sprachaufenthalt in London, Ende 1953 Rückkehr zur Freiburger Kantonalbank, Verantwortlicher verschiedener Abteilungen, dann Direktor der Kreditabteilung. Mitglied mehrerer kirchlicher Stiftungen und weiterer Gesellschaften. Lange Jahre Mitglied und Präsident des Pfarreirates St. Niklaus, Freiburg.

Hermann Bischofberger

Geb. 1950, Dr. jur., lic. phil., Studium der Rechtswissenschaften, 1975-77 Praktikant der Gerichtskanzlei Appenzell, 1977-81 Teilzeitmitarbeiter auf dem Erziehungsdepartement Appenzell Innerrhoden, 1977-85 Studium der Geschichte, 1980-85 Assistent für Rechtsgeschichte und Kirchenrecht, 1986-90 wissenschaftlicher Mitarbeiter im Staatsarchiv des Kantons Schwyz, 1990-2006 Landesarchivar und 1990-2002 Bibliothekar des Kantons Appenzell Innerrhoden, Verfasser der Jubiläumsschrift zum 75jährigen Bestehen des Salesianums.

Victor Conzemius

Geb. 1929 in Echternach (Luxemburg), 1948 Matura am Lycée classique Echternach, 1 Jahr Studium Philosophie und Theologie am Priesterseminar Luxemburg; 1949 Geschichte, Philosophie und Theologie in Fribourg, 1954 Dr. phil., 1955 Priesterweihe Echternach, 1956-58 Vikar in Steinsel (Luxemburg), 1964-65 Hilfsgeistlicher in der St. Joseph-Anstalt in Grenchen, 1965-68 College-Lecturer am University College Dublin, 1970-80 Prof. für Kirchengeschichte in Luzern; Beschäftigt sich besonders mit dem liberalen Katholizismus, dem I. und II. Vatikanischen Konzil und neben einer regen journalistischen Tätigkeit (NZZ, Vaterland, Luxemburger Wort, Sonntag) biografische Essays. Zuletzt Gottes Spurensucher 2002.

Werner Derungs

Geb. 1928 als Bürger von Camuns (GR), Dr. phil., aufgewachsen im Aargau, 1947 Maturität an der Klosterschule Disentis, Studium der Germanistik und Geschichte in Fribourg, Göttingen und Florenz, Bezirkslehrer in Baden und Kantonsschullehrer in St. Gallen und Zug, verheiratet, drei Söhne und vier Enkel.

Jean Emonet

Né à Martigny en 1937, études au Collège de St-Maurice et de Sion, deux ans à la Faculté de droit à Fribourg, Noviciat des Chanoines du Grand-St-Bernard, vœux d'engagement en 1962, ordination sacerdotale en 1966, Prieur de l'Hospice du Simplon (1968-71), Père Maître et Directeur du Séminaire de la Congrégation (1971-79), Curé de la paroisse de Martigny (1980-92), Prieur du Collège Champittet à Pully (1992-1998), dès 1998 Directeur spirituel au Séminaire de Sion, aujourd'hui responsable de la formation dans la Congrégation et accompagnement spirituel au Salesianum.

Olivier Giroud

22 ans, originaire de Martigny (VS), est étudiant à la faculté des Lettres (langues et sport). C'est la deuxième année qu'il habite le Salésianum.

Barbara Hallensleben

Geb. 1957 in Braunschweig; Studium der Theologie, Philosophie und Geschichte in Münster; 1992 Habilitation in Tübingen; seit 1994 Professorin für Dogmatik an der Theologischen Fakultät der Universität Fribourg; 2004–2006 Dekanin. *Mitgliedschaften:* Direktorium des Instituts für Ökumenische Studien, Internationale Theologische Kommission, Internationale Orthodox-Katholische Dialogkommission, Standing Commission „Glaube und Kirchenverfassung" des Weltkirchenrats; Konsultorin des Päpstlichen Rates zur Förderung der Einheit der Christen. *Veröffentlichungen* zu Ekklesiologie, Theologie der Ökumene, orthodoxe Theologie. *Forschungsprojekt:* Wissenschaftliche Edition der Werke des russischen orthodoxen Denkers Sergij Bulgakov.

Irma Heller

Geb. 1974, aufgewachsen in Horw (LU), studiert Theologie und Psychologie, teilzeitlich als Dolmetscherin tätig, seit 2004 im Salesianum wohnhaft.

Jyothish Kochalummootil

Nato nel 1984, Biasca (TI), origine indiana, terzo anno di diritto a Friborgo, religione cattolica, mi piace giocare a calcio, pallavolo e beachvolley, gli hobby sono i libri e le serate con gli amici.

Franz Mali

Geb. 1960; Studium der Theologie in Graz (A), Rom, Augsburg und St. Petersburg (RU); Priester; seit 1999 Professor für Patristik, Geschichte der Alten Kirchen und christlich-orientalische Sprachen (zweisprachig) an der Theol. Fakultät der Universität Freiburg/Fribourg; zurzeit Präsident der Schweizerischen Patristischen Arbeitsgemeinschaft.

Thomas Ruckstuhl

Geb. 1968 in Sursee (LU), Dr. theol., Maturität an der Kantonsschule Sursee und Theologiestudium in Fribourg (1987-89), Fortsetzung der Studien in Rom mit Wohnsitz im Collegium Germanicum et Hungaricum (1989-94), Vikariat in St. Martin in Baar, ab 1997 Doktoratsstudium in Frankfurt am Main bei Prof. M. Kehl SJ im Bereich der Ekklesiologie, seit 2000 Ausbildungsleiter im Salesianum, zudem seit 2002 Subregens für die französischsprachigen Studierenden des Bistums Basel.

Christian Rutishauser

Geb. 1965, Jesuit, Dr. theol., Bildungsleiter Lassalle-Haus Bad Schönbrunn, Zentrum für Spiritualität, interreligiösen Dialog und soziale Verantwortung; Lehrbeauftragter für jüdische Studien an der Hochschule für Philosophie in München und am Kardinal-Bea-Institut der Universität Gregoriana in Rom.

Isabelle Senn

Geb. 1985 in Grabs, Primar- und Sekundarschule in Gams, 2004 Matura an der Kantonsschule Sargans, Studienjahr an der pädagogischen Hochschule in Rorschach, seit 2005 Theologiestudium in Fribourg.

Urs Studer

Geb. 1960 in Olten, 1980-85 Theologiestudium in Freiburg, 1986 Priesterweihe, Vikariat in Olten, Verbandspriester Schönstatts, seit 1990 Missionar in Burundi in der Paroisse St-Sauveur, Bujumbura.

Sandro Vitalini

Geb. 1935, Dr. theol, 1959 zum Priester geweiht, Theologiestudium in Fribourg (1955-61), Dissertation zum Thema „La notion d'accueil dans le Nouveau Testament", Professor für Dogmatik im Priesterseminar Lugano (1961-68) und an der Universität Fribourg (1968-1994), Regens der Tessiner (1968-87) und der deutschsprachigen Theologen, Direktor des Salesianums (1987-1994), gegenwärtig Progeneralvikar des Bistums Lugano.

Lothar M. Zagst

Geb. 1939 in Stuttgart, Grundschule, Gymnasium und Vorseminar in Stuttgart, Studium ab 1961 in Fribourg und Rom; Abschluss 1966 in Fribourg; Priesterseminar in Solothurn; 29. Juni 1966 Priesterweihe; ab 1966 Vikar in Basel/Rheinfelden; 1972-79 Jugendseelsorger im Fricktal; bis 82 Bundespräses Blauring; 82-87 Seelsorgeteam Laufen; 1986 Kontakt mit Ecuador und ab 1987 Pfarrer einer Landpfarrei 60 km ausserhalb von Guayaquil.

Fotonachweis

Die Bilder in diesem Buch wurden hauptsächlich vom Freiburger Kunstfotographen Noël Aeby gemacht. Im Einzelnen handelt es sich um die Bilder auf den folgenden Seiten: 22, 23, 24, 25, 26, 30, 31, 32, 33, 34 (rechts), 35, 36, 57, 58, 60, 61, 62, 63 (oben), 64 (oben), 91, 92, 100, 207, 210, Umschlagbild.

Weitere Bilder stammen von:

Hildegard Aepli:	59 (unten), 63 (unten), 93, 99, 102, 130, 133, 203, 215, 216
Archiv des Salesianums:	27, 151, 156
August Berz:	34 (links)
August Brändle:	185, 186
Castor Huser:	135
Damian Keller:	106
Lisbeth Kohler-Broquet:	192
Schwester Candide:	137
Alexander Nazarenko:	59 (oben)